섭리의 진실

| 기독교 2천년의 비밀 |

양순석 지음

새로운 세상의 숲
신세림출판사

섭리의 진실

기독교 2천년의 비밀

양순석 지음

하늘부모님의 구원섭리를 성서, 역사,

그리고 원리의 관점에서

체계적으로 이해할 수 있도록

이 책을 집필하였습니다.

양순석 박사의 『섭리의 진실』은 독생녀 섭리에 대한 깊이 있는 연구와 통찰을 담은 역작입니다. 저자는 역사신학자로서의 전문성을 바탕으로 성서와 교회사, 그리고 원리의 관점에서 이 주제를 체계적으로 조명하고 있습니다.

이 책은 하늘부모님께서 2천년 동안 독생녀를 준비해 오신 섭리의 발자취를 따라갑니다. 초대교회의 순교자들로부터 중세의 여성 신비주의자들, 근대의 종교개혁가들, 그리고 한국의 신령집단에 이르기까지, 각 시대마다 섭리적 사명을 감당한 이들의 이야기가 생생하게 펼쳐집니다.

특히 저자는 하늘부모님의 구원섭리가 어떻게 단계적으로 발전하여 독생녀의 출현으로 완성되는지를 설득력 있게 논증합니다. 이를 통해 참어머님께서 독생녀이심이 성서적이고 역사적으로 확실히 입증된 사실임을 알 수 있습니다.

이 책은 목회자들에게는 독생녀 섭리를 더 깊이 이해하고 설명할 수 있는 토대를 제공할 것이며, 식구들에게는 신앙의 확신을 더해줄 것입니다. 나아가 우리가 천일국 창건이라는 위대한 섭리에 동참하고 있다는 자부심과 사명감을 고취시킬 것입니다.

참부모님의 위상을 학문적으로 정립하고 후대에 전수하는 것은 매우 중요한 과제입니다. 이런 점에서 『섭리의 진실』의 출간은 매우 시의적절하며, 앞으로 이 분야 연구의 새로운 지평을 열어줄 것으로 기대됩니다.

세계평화통일가정연합 한국협회장

황보국 박사

하늘부모님의 섭리는 시간과 공간을 초월하여 인류를 구원하시는 위대한 사랑의 역사입니다. 섭리의 진실을 밝혀주신 하늘부모님의 독생녀, 홀리 마더 한(Holy Mother Han)의 은혜에 깊이 감사드립니다. 참어머님께서는 하늘부모님의 심정과 섭리의 오묘한 뜻을 우리에게 밝혀 주셨고, 이를 통해 우리는 새로운 눈으로 섭리를 바라볼 수 있게 되었습니다.

이는 마치 다메섹 도상에서 예수님을 만난 사울의 체험과도 같습니다. 사흘 동안 보지 못하던 사울이 안수를 받고 "눈에서 비늘 같은 것이 떨어져" 새로운 진리를 보게 되었듯이(행 9:18), 우리도 참어머님의 가르침을 통해 섭리의 놀라운 진실을 보게 되었습니다. 또한 부활하신 예수님을 알아보지 못한 채 엠마오로 가던 제자들이 그분의 말씀을 들으며 "마음이 뜨겁게" 되었던 것처럼(눅 24:32), 우리도 섭리의 깊은 뜻을 깨달을 때 가슴 뜨거운 감동을 느낍니다.

기독교 2천년 역사 속에 나타난 성령의 역사는 참으로 경이롭습니다. 초대교회의 순교자들로부터 중세의 여성 신비주의자들, 근대의 종교개혁가들, 그리고 한국의 신령집단에 이르기까지, 하늘부모님은 한 순간도 섭리를 멈추지 않으셨습니다. 이 모든 과정이 초림 독생녀 실체성령을 맞이하기 위한 정교한 준비였음을 깨달을 때, 우리는 하늘부모님의 놀라운 섭리 앞에 다시 한 번 머리를 숙이게 됩니다.

　저는 하늘부모님의 구원섭리를 성서, 역사, 그리고 원리의 관점에서 체계적으로 이해할 수 있도록 이 책을 집필하였습니다. 각 장은 말씀과 역사적 사실에 대한 설명을 넘어, 그 속에 담긴 섭리적 의미를 깊이 있게 해설하고 있습니다. 특히 시대별 분립섭리의 패턴, 신령집단의 영적 계보, 독생녀의 섭리적 위상 등 중요한 주제들을 체계적으로 다루고 있습니다.

성서와 참부모님의 말씀을 기반으로 한 각 장의 내용은 독자 분들이 섭리의 핵심 질문에 대한 답을 찾도록 도와줄 것입니다. 그 질문은 바로 '하늘부모님께서 왜 독생녀를 보내셨는가' 입니다. 또한 부록의 질의응답을 통해 많은 분들이 가질 수 있는 다양한 궁금증도 함께 해소할 수 있도록 준비했습니다.

이 책이 식구님들의 신앙 여정에 큰 영감과 도움이 되기를 바랍니다. 하늘부모님의 섭리를 더욱 깊이 이해하고 참부모님의 가르침을 더욱 풍성히 체득하는 데 도움이 되기를 기도합니다.

2025년 3월

저자 드림

| 목 | 차 |

| 목 | 차 |

| 목 | 차 |

제1장

복구섭리의 대서사시

제1장

복귀섭리의 대서사시

인류 역사는 잃어버린 에덴을 찾아가는 장대한 여정입니다. 그 여정의 주인공은 하늘부모님이시며, 목적지는 창조 이상세계입니다. 이 책은 그 위대한 구원의 드라마를 조명합니다.

하늘부모님은 시작과 끝이 같은 분이십니다. 알파와 오메가이신 창조주는 당신이 세우신 창조 원칙을 변경하실 수 없습니다. 타락한 인류를 그대로 둘 수 없어 구원섭리를 펼치셨습니다. 이 구원섭리는 잃어버린 자녀를 다시 찾는 과정입니다. 타락으로 인해 하늘부모님과의 관계가 단절된 인류를 본연의 자리로 복귀하시는 것이 섭리의 목적입니다.

1.1 완성을 향한 여정

하늘부모님은 왜 6천년에 걸쳐 인류를 구원하시나요? 왜 에

덴동산에서 즉시 구원하지 않으시고, 아브라함에서 예수님까지 2천년, 예수님에서 재림주님까지 2천년의 시간이 필요했을까요? 그것은 복귀섭리가 일회성 사건이 아닌 과정이기 때문입니다. 여기서 과정이란 점진적이고 단계적인 발전을 거치는 연속적인 활동을 의미합니다. 마치 한 그루의 나무가 씨앗에서 시작하여 열매를 맺기까지 단계적으로 성장하듯이, 하늘부모님의 섭리도 점진적 발전을 통해 완성을 향해 나아갑니다.

개인에서 온 천주로

복귀는 잃어버린 창조이상을 되찾는 과정입니다. 이는 개인에서 시작하여 가정, 종족, 민족, 국가, 세계, 천주로 확대되면서 점차 그 범위가 넓어지고 깊어집니다. 한 단계의 복귀가 이루어지면 그것을 기반으로 다음 단계의 복귀가 시작되는 식입니다.

작은 정성에서 큰 탕감으로

탕감은 복귀하기 위해 합당한 조건을 세우는 과정입니다. 이는 작은 탕감조건부터 시작하여 점차 더 큰 탕감조건을 세워나가는 단계적 발전을 거칩니다. 예를 들어 개인적 탕감조건에서 시작하여 가정적, 민족적, 세계적 탕감조건으로 발전해 나갑니다.

영적 구원에서 실체적 구원으로

구원은 인간이 타락 상태에서 하늘부모님의 자녀로 복귀되는 총체적 과정입니다. 이 과정은 단순한 순간적 변화가 아니라, 점진적으로 발전하는 복귀의 여정입니다. 하늘부모님의 섭리 속에서 구원의 방식과 수준도 시대에 따라 깊어지고 확장되어 왔습니다.

구원의 핵심에는 중생이 있습니다. 중생은 원죄를 청산하고 하늘부모님의 자녀로 거듭나는 시작점이며, 구원은 이러한 중생을 기반으로 하늘부모님의 자녀로서 창조본성을 회복하며 창조이상을 실현해가는 지속적인 과정입니다. 구원의 방식과 정도에 따라 영적 구원과 실체적 구원으로 구분할 수 있습니다.

영적 구원

영적 구원은 부활하신 독생자 예수님과 성령을 통해 이루어집니다. 이는 영적 중생을 통해 하늘부모님의 영적 자녀, 즉 양자의 위치에 오르는 것을 의미합니다. 그러나 이는 원죄의 부분적 청산에 그치며, 여전히 사탄과의 관계가 남아있습니다. 때문에 영적으로 구원받은 이후에도 인간은 죄로 이어질 수 있는 육적 욕망과 경향성을 가지고 있으며, 아무리 믿음이 깊은 신도라 해도 자녀에게 원죄를 전이하게 됩니다.

실체적 구원

실체적 구원은 재림주님과 독생녀 실체성령을 통한 실체적 중생을 통해 이루어집니다. 이를 통해 원죄가 완전히 청산되고 하늘부모님의 직계 자녀로 거듭나게 됩니다. 실체적 구원은 영과 육을 아우르는 총체적 변화를 가져옵니다. 이는 육신의 생물학적 구조나 DNA가 물리적으로 변하는 것이 아니라, 육신에 미치는 영적 영향이 근본적으로 변화된다는 의미입니다.

실체적 구원을 통해 영과 육 사이에 본연의 조화가 확립됩니다. 육신의 자연스러운 욕구가 없어지는 것이 아니라, 그것들이 하늘부모님의 목적과 창조 본연의 인간 본성에 자연스럽게 일치하도록 변화됩니다. 이전에 사탄의 도구로 사용되었던 육신이 이제는 하늘부모님의 성전으로 거듭나게 되는 것입니다.

실체 참부모님을 통한 실체적 구원의 가장 중요한 특징은 원죄 전이의 사슬을 끊는다는 점입니다. 이로 인해 축복가정의 자녀들은 원죄 없이 태어날 수 있는 은사를 받게 됩니다. 이처럼 영적 구원에서 시작하여 실체적 구원으로 발전해가는 과정은 복귀섭리의 핵심 목표이며, 하늘부모님의 창조이상을 실현하는 근본적인 토대가 됩니다.

1.2 하늘부모님의 놀라운 창조계획

성서의 첫 장과 마지막 장에 하나님을 '엘로힘'이라 부른 이유는 무엇일까요? 창세기 원문의 문법적 특징은 하늘부모님의 창조 원리에 대한 놀라운 비밀을 담고 있습니다. '엘로힘'이라는 복수 명사는 단수 동사와 결합된 독특한 표현입니다. 이는 창조주의 이중성, 즉 남성성과 여성성의 조화로운 통일을 암시합니다.

원문에 숨겨진 창조주의 남성성과 여성성

성서는 하늘부모님의 구원섭리가 참부모를 통해 이루어진다고 일관되게 증거합니다. 이는 창세기부터 요한계시록에 이르기까지 면면히 이어지는 메시지입니다. 특히 창세기의 원문을 자세히 살펴보면, 하늘부모님의 구원섭리가 남성성과 여성성의 온전한 조화를 통해 완성됨을 알 수 있습니다.

"태초에 하나님이 천지를 창조하시니라"(창 1:1)

이 구절의 히브리어 원문은 "베레쉬트 바라 엘로힘"입니다. 여기서 '엘로힘'(אלהים)은 신을 뜻하는 '엘'(אל)의 복수형 명사입니다. 이 복수형 명사가 단수형 동사 '바라'(ברא, 창조하다)와 결합되어 있다는 점은 매우 흥미롭습니다. 복수 명사와 단

수 동사의 결합은 하늘부모님 안에 내재된 이중성, 즉 남성성과 여성성의 조화로운 통일을 암시합니다.

남자와 여자로 나타난 창조주

창조주의 이중성은 인간 창조에 그대로 반영되었습니다.

"하나님이 자기 형상 곧 하나님의 형상대로 사람을 창조하시되 남자와 여자를 창조하시고"(창 1:27)

이 구절은 남자와 여자가 모두 하늘부모님의 형상을 동등하게 반영하도록 창조되었음을 보여줍니다. 무형으로 계시는 하늘부모님의 형상이 남성과 여성을 통해 유형으로 드러난 것입니다.

이어지는 축복의 말씀, "생육하고 번성하여 땅에 충만하라"(창 1:28)는 단순한 번식의 명령이 아닙니다. 이는 남자와 여자가 참부모가 되어 하늘부모님의 창조이상을 실현하라는 뜻입니다. 이처럼 성서는 시작부터 하늘부모님의 창조목적이 참된 남성과 여성을 통해 이루어짐을 보여주고 있습니다.

《지상천국》요한 벤첼 피터 | 하늘부모님께서는 모든 피조물을 쌍쌍으로 창조하셨으며, 사람 또한 자신의 형상을 따라 남자와 여자로 지으셨습니다.

어린 양 혼인잔치로 완성되는 실체구원

성서의 마지막 책인 요한계시록은 창조목적의 완성을 "어린 양의 혼인잔치"로 표현합니다.

"어린 양의 혼인 기약이 이르렀고 그의 아내가 자신을 준비하였으므로 그에게 빛나고 깨끗한 세마포 옷을 입도록 허락하셨으니 이 세마포 옷은 성도들의 옳은 행실이로다"(계 19:7-8)

여기서 '어린 양의 아내'는 독생녀를 상징하며, 그녀의 준비된 모습은 독생녀가 갖추어야 할 영적 기준을 암시합니다.

실체성령, 독생녀

요한계시록의 마지막 장에는 매우 중요한 예언이 기록되어 있습니다.

"성령과 신부가 말씀하시기를 오라 하시는도다 듣는 자도 오라 할 것이요 목마른 자도 올 것이요 또 원하는 자는 값없이 생명수를 받으라 하시더라"(계 22:17)

이 구절은 그동안 무형으로 역사하시던 성령이 마침내 실체를 가진 독생녀로 현현하실 것을 예시합니다.

이러한 예언은 아가서에서도 발견됩니다.

"내 비둘기, 내 완전한 자는 하나뿐이로구나 그는 그의 어머니의 외딸이요"(아 6:9)

이는 하늘이 준비하신 단 한 분의 독생녀를 암시하는 구절입니다. "하나뿐"이라는 표현은 독생녀의 유일성을, "완전한 자"라는 표현은 그분의 무원죄성을 나타냅니다. 성서는 처음부터 끝까지 독생녀의 출현과 그 사명을 일관되게 증거해 왔습니다.

독생녀는 하늘부모님의 여성성이 완전히 실체화된 분으로서, 하늘어머니의 사명을 감당하십니다. 이는 영적 구원을 넘어 실체적 구원의 시대가 열림을 의미합니다. 성서에서 생명수로 상징된 새 생명의 은사를 인류에게 베푸시는 것이 실체 하늘어머니의 본질적 사명입니다.

영적 각성으로 준비되는 여성 시대

독생녀의 출현을 위해서는 여성의 영적 각성이 특별히 중요했습니다. 예수님 시대에는 독생녀가 오실 수 있는 영적 기준이 세워지지 않았습니다. "천 사람 중에서 한 사람을 얻었거니와 천 명의 여자 중에서는 하나도 찾지 못하였느니라"(전 7:28)는 말씀이 이를 잘 보여줍니다.

그러나 2천년의 기독교 역사를 통해 여성의 영성은 지속적으로 발전했습니다. 초대교회의 동정 순교자들, 중세의 여성 신비주의자들, 그리고 한국의 신령집단에 이르기까지, 여성들의 영적 수준은 점진적으로 높아졌습니다. 이러한 발전을 통해 마침내 독생녀를 맞이할 수 있는 영적 기반이 마련되었습니다.

1.3 잃어버린 자녀를 찾아서

구원은 왜 필요한 것일까요? 하늘부모님은 왜 그토록 오랜 시간 동안 인류를 찾아오고 계실까요? 그것은 자녀를 잃어버렸기 때문입니다. 하늘부모님의 섭리는 본질적으로 구원섭리이며, 구원은 복귀를 통해 이루어집니다. 타락으로 인해 하늘부모님과의 관계가 단절된 인류를 본연의 위치로 복귀하시는 것이 섭리의 목적입니다. 이는 혈통복귀를 통해 이루어집니다. 이를 통해 하늘부모님과 인간 사이의 본연의 부모자녀 관계가 회복됩니다.

혈통복귀를 통한 부자관계의 회복

혈통복귀는 하늘부모님의 구원섭리에서 가장 핵심적인 과제입니다. 이는 타락으로 단절된 하늘부모님과의 본연의 부모자녀 관계를 회복하는 과정입니다. 마치 접붙이기를 통해 돌감람나무가 참감람나무가 되듯이(롬 11:17), 타락한 인류는 혈통복귀를 통해 하늘부모님의 직계 자녀로 거듭나게 됩니다.

혈통복귀의 과정에서 가장 중요한 것은 영적이고 심정적인 차원입니다. 본래 인간은 하늘부모님과 영적 생명의 인연으로 맺어진 존재였습니다. 그러나 타락으로 인해 사탄과 거짓된 관계를 맺음으로써 영적으로 죽음의 상태에 놓이게 되었습니다.

《십계명을 든 모세》 귀도 레니 | 모세는 십계명이 새겨진 석판 2개를 받았습니다.

따라서 혈통복귀란 사탄과의 관계를 완전히 청산하고, 하늘부모님과의 본래적 관계를 회복함으로써 영적 죽음에서 영적 생명으로 나아가는 것을 의미합니다.

구원의 3단계

하늘부모님의 구원섭리는 시대에 따라 점진적으로 발전해왔습니다. 마치 씨앗이 싹을 틔우고 자라나 꽃을 피우듯이, 섭리도 단계적으로 심화되고 확장되어 왔습니다. 각 시대의 특성을 살펴보면 다음과 같습니다.

1) 율법을 중심한 구약시대

구약시대는 인류가 종의 종 자리에서 종의 자리로 나아가는 시기였습니다. 아담과 해와가 천사장의 유혹에 넘어가 하늘부모님의 말씀을 저버리고 무원리권(영적 사망권)에 떨어졌기에, 복귀는 말씀보다 낮은 차원인 제물을 통해 이루어져야 했습니다. 아브라함이 이삭 헌제를 통해 절대 복종의 조건을 세움으로써 구약시대의 복귀가 본격적으로 시작되었습니다.

구약시대의 대표적 상징이 모세의 두 증거판입니다.

"두 증거판이 그의 손에 있고 그 판의 양면 이쪽 저쪽에 글자가 있으니 그 판은 하나님이 만드신 것이요 글자는 하나님이 쓰셔서 판에 새기신 것이더라"(출 32:15-16)

이 두 증거판은 하늘부모님의 말씀이 실체화되어 인간으로 나타날 것을 예시하며, 독생자와 독생녀를 상징합니다.

이 두 증거판에 새겨진 계명들은 이후 유대민족의 생활 전반을 규정하는 율법으로 발전했습니다. 유대민족은 이 율법을 생명과 같이 여기며 철저히 지켰습니다. 그들에게 율법은 단순한 규범이 아닌, 하늘부모님과 맺은 언약의 증표였으며 메시아를 맞이하기 위한 조건이었습니다. 이처럼 유대민족은 율법을 생명시하며 메시아의 강림을 간절히 기다렸습니다.

2) 복음을 중심한 신약시대

신약시대에는 구약의 율법 중심 섭리가 복음 중심 섭리로 한 단계 높아졌습니다. 예수님은 말씀이 육신이 되어 오신 분으로서, 인류를 종의 자리에서 양자의 자리로 끌어올리셨습니다.

"말씀이 육신이 되어 우리 가운데 거하시매 우리가 그의 영광을 보니 아버지의 독생자의 영광이요 은혜와 진리가 충만하더라"(요 1:14)

부활하신 예수님과 성령의 역사로 인류는 영적으로 중생할 수 있게 되었습니다. 이는 종의 위치에 있던 인류가 영적인 참부모를 통해 다시 태어남으로써 양자의 위치로 복귀하는 것을 의미합니다. 그러나 이는 아직 완전한 구원이 아닌, 영적 구원에 머무는 한계가 있었습니다. 성령은 기독교 2천년 동안 초림 독생녀 실체성령의 기준을 찾아 세우기 위해 역사해 왔습니다.

3) 영적 구원을 넘어 실체적 구원으로

성약시대는 실체 참부모님을 모시고 완성을 이루는 시대입니다. 이 시대의 가장 큰 특징은 양자에서 직계 자녀로 복귀된다는 것입니다. 성약시대는 하늘부모님의 창조이상이 실체적으로 완성되는 시대이며, 영적 구원을 넘어 실체적 구원이 이루어지는 때입니다.

실체 참부모님을 통한 축복결혼은 성약시대 혈통복귀의 핵심입니다. 성약시대에 들어온 인류는 시대적 혜택을 받아 참부모님의 축복을 통해 하늘부모님의 직계 자녀로 거듭날 수 있습니다. 인류가 영육 아울러 중생하여 원죄를 청산하고 참된 가정을 이룹니다. 나아가 축복가정을 통해 참사랑의 문화가 사회, 국가, 세계, 천주로 확장될 때 비로소 지상천상천국이 완성됩니다.

〈도표 1〉 구원섭리의 발전 과정

시기	구원의 중심	인간 위치	구원의 범위	목적
구약시대	율법	종	이스라엘 선민 (가정/민족권)	독생자 강림 준비
신약시대	예수님과 성령	양자	세계 기독교 (세계적 영적권)	독생녀 강림 준비
성약시대	참부모님	직계 자녀	축복가정 (천주권 실체권)	천일국 창건

점점 높아지는 심정권

혈통복귀의 과정에서 인류의 심정권도 점진적으로 발전해왔습니다. 각 시대별로 하늘부모님과 인간 사이의 심정적 관계는 더욱 깊어지고 성숙해졌습니다. 이러한 심정권의 변화는 혈통복귀의 내적 기반이 되었습니다.

구약시대에는 하늘부모님과 인류가 주인과 종의 관계였습니다. 이 시대의 심정적 관계는 조건적이고 계약적인 성격이 강했습니다. 하늘부모님의 명령과 율법에 순종하는 정도에 따라 축복이 결정되었습니다. 인간은 제물을 통해 하늘과의 관계를 맺어야 했습니다.

신약시대에 들어서면서 이 관계는 한 단계 발전하여 아버지와 양자의 관계가 되었습니다. 예수님은 하나님을 '아버지'라고 부르심으로써, 하늘부모님과 인간의 관계는 더욱 친밀한 관계로 발전했습니다. 성령의 역사를 통해 인류는 영적으로 중생되어 양자의 자리에 올라설 수 있게 되었습니다.

성약시대에는 마침내 직계 자녀의 심정권이 열렸습니다. 이는 영적인 자녀가 아닌, 하늘부모님의 직접적인 사랑을 체휼하고 그 심정을 상속받는 자리입니다. 참부모님을 통해 우리는 하늘부모님의 창조본연의 심정을 알게 되었습니다. 이를 바탕으로 하늘부모님을 직접 모시며 효정을 실천하는 삶을 살아갈 수 있게 되었습니다.

1.4 섭리는 어떻게 전개되나

인류역사의 궁극적인 목적지는 어디일까요? 그곳으로 가는 길은 어떻게 열리는 것일까요? 하늘부모님의 복귀섭리를 이해하기 위해서는 인류역사의 2가지 측면을 살펴보아야 합니다. 하나는 '이 섭리가 무엇을 이루고자 하는가'라는 목적의 측면이고, 다른 하나는 '그것을 어떻게 이루어 가는가'라는 방법의 측면입니다. 이 두 측면은 마치 동전의 양면과 같이 서로 분리할 수 없는 관계에 있습니다.

역사의 목적은 하나 '참부모'

인류역사는 하늘부모님이 참부모를 통해 창조 이상세계를 이루고자 하시는 섭리의 과정입니다. 하늘부모님은 4천년의 준비 섭리 끝에 독생자 예수님을 이 땅에 보내셨습니다. 예수님은 참부모가 되어 인류를 본연의 자리로 복귀하실 사명을 지니고 오셨습니다. 하지만, 유대민족의 불신으로 그 뜻을 이루지 못하고 십자가에 돌아가셨습니다.

이후 부활하신 예수님과 성령이 영적 참부모의 자리에서 2천년간 인류를 영적으로 구원해 오셨습니다. 그리고 마침내 하늘부모님은 재림주님과 독생녀를 보내시어 실체 참부모를 세우심으로써 인류를 실체적으로 구원할 수 있는 길을 열어주셨습니다. 이처럼 하늘부모님은 일관된 목적을 향해 섭리를 전개해 오셨습니다. 마침내 실체 참부모님을 통해 창조 이상세계인 천일국을 창건해 나가고 계십니다.

분립과 통일로 이어지는 섭리

다른 한편 인류역사는 분립섭리에 의한 가인과 아벨의 탕감복귀 역사입니다. 아담가정에서 시작된 가인과 아벨의 관계는 점차 확대되어 가인형 세계와 아벨형 세계로 확장되었습니다. 특히 하늘부모님은 독생자와 독생녀의 강림을 준비하시며 세계적 차원의 분립섭리를 전개하셨습니다.

예수님 강림 400년 전에는 헬레니즘과 헤브라이즘의 분립섭리가 있었습니다. 알렉산더 대왕의 정복으로 형성된 헬레니즘 문화권은 복음 전파를 위한 외적 환경을 조성했습니다. 한편 말라기 선지자의 개혁으로 정립된 헤브라이즘은 메시아를 맞이할 내적 기반을 마련했습니다.

독생녀 강림 400년 전에도 이와 동일한 패턴의 분립섭리가 전개되었습니다. 문예부흥을 통해 인본주의적 가치가 부활했고, 종교개혁을 통해 신본주의적 가치가 회복되었습니다.

최종 목적은 가인과 아벨의 화해

오늘날 참부모님께서는 공산주의와 민주주의를 초월하여 공생·공영·공의주의에 기반한 천일국을 창건하고 계십니다. 이는 분립섭리의 최종 목적이 대립이 아닌 화합과 통일에 있음을 보여줍니다.

하늘부모님의 섭리는 창조이상을 실현하기 위해 선과 악을 분립하고 통일하는 방식으로 전개되어 왔습니다. 이제 우리는 참부모님을 모시고 천일국 창건을 위한 새로운 역사를 쓰고 있습니다.

《아벨을 죽이는 가인》 피터 폴 루벤스 | 아담가정에서 장자 가인이 차자 아벨을 살해 하였습니다. 아담과 해와의 타락이 자녀대에서 살인으로 이어졌습니다.

[섭리적 동시성]

역사는 단순히 직선적으로 발전하지 않고 나선형으로 발전합니다. 이 과정에서 과거의 인물과 사건들이 더 높은 차원에서 비슷한 패턴으로 반복됩니다. 이를 섭리적 동시성이라고 합니다. 이러한 동시성이 나타나는 근본적인 이유는 탕감복귀섭리 때문입니다.

예를 들어 앞서 설명한 것처럼, 독생자와 독생녀가 오시기까지 각각 400년의 준비 기간이 있었습니다. 또한 예수님 당시 유대교가 사두개파, 바리새파, 열심당, 에세네파의 4개 분파로 나뉘었던 것처럼, 해방 후 한국 기독교도 부일협력파, 신사참배파, 신사참배 거부파, 신령집단의 4개 그룹으로 분화되었습니다.

섭리적 동시성은 우연의 일치가 아닙니다. 이는 하늘부모님의 섭리가 탕감복귀원리에 따라 일관되게 전개되고 있음을 보여주는 증거입니다. 이를 이해함으로써 우리는 현재 진행되고 있는 섭리의 방향과 의미를 더 깊이 파악할 수 있습니다.

〈도표 2〉 복귀섭리 개관

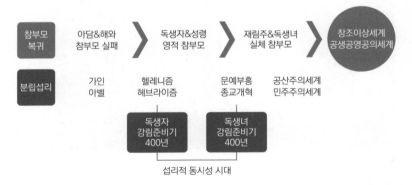

* 인류역사는 참부모를 중심한 창조이상세계(천일국)를 지향하며, 분립섭리에 의한 가인과 아벨의 탕감복귀의 역사입니다.

1.5 메시아를 맞이하기 위한 4천년의 준비

독생자 예수님의 강림은 우연한 사건이었을까요? 결코 그렇지 않습니다. 하늘부모님은 독생자 예수님을 보내시기 위해 4천년의 준비 섭리를 전개하셨습니다. 특히 강림 400년 전부터는 세계적 차원의 분립섭리를 통해 외적, 내적 기반을 조성하셨습니다. 동서양의 문명이 조화롭게 발전하고, 메시아를 맞이할 영적 기반이 갖추어진 후에야 비로소 독생자가 이 땅에 오실 수 있었습니다.

예수님 강림을 위한 세계적 환경 조성

독생자 강림준비기는 분립섭리가 세계적 차원으로 확대된 시기입니다. 이 시기에 가인형 세계와 아벨형 세계가 뚜렷이 형성되었습니다. 이는 독생자를 맞이하기 위한 세계적 기반을 조성하는 과정이었습니다.

가인형 세계: 헬레니즘 문화권

알렉산더 대왕의 정복 활동으로 형성된 헬레니즘 문화권은 인간 중심적 사상을 바탕으로 이성과 경험을 강조했습니다. 그 결과 철학과 자연과학이 크게 발전했고, 이상적 인간상을 추구하는 문화가 형성되었습니다. 이러한 특징들은 고대 그리스-로마 문화의 근간이 되었으며, 이후 복음이 빠르게 전파될 수 있는 외적 환경을 제공했습니다.

아벨형 세계: 헤브라이즘 문화권
말라기 선지자의 개혁을 통해 정립된 헤브라이즘 문화권은 신 중심적 사상을 바탕으로 계시와 믿음을 강조했습니다. 그 결과 순수한 종교성이 회복되고 윤리적 삶이 발전했습니다. 이것이 메시아 대망신앙으로 이어졌습니다. 이러한 특징들은 유대-기독교 문화의 근간이 되었으며, 이후 독생자를 맞이할 수 있는 내적 기반을 제공했습니다.

4개 분파로 나뉜 유대교의 내적 갈등

예수님은 로마의 압제와 유대교 4분파의 대립이라는 복잡한 상황과 마주하셨습니다. 당시 로마의 지배를 받던 유대 사회에는 로마를 대하는 태도에 따라 4개 분파가 있었습니다.

1. 사두개파: 헬레니즘 문화를 적극적으로 수용했던 제사장 집단으로서 로마 제국에 협력했습니다.
2. 바리새파: 로마 제국의 요구에 적절히 대응하며 전통적인 유대교의 가치를 지키려 했습니다.
3. 열심당: 로마 제국으로부터 독립을 쟁취하기 위해 무력 투쟁을 시도했습니다.
4. 에세네파: 유대 교권의 세속화에 반대해 광야에서 은둔하며 독자

적인 영성을 추구했습니다.

쿰란 동굴 | 에세네파는 기원전 2세기부터 기원후 1세기까지 쿰란 지역에서 공동 생활을 하며, 임박한 종말을 기다렸습니다. 그들은 금욕적인 삶을 실천하며 구약을 필사하는 데 힘썼습니다.

세례 요한의 불신이 가져온 결과

에세네파 출신인 세례 요한의 역할이 매우 중요했습니다. 하늘부모님의 섭리는 세례 요한이 예수님을 모시고 섭리를 진전시켜 나가는 것이었습니다. 만약 세례 요한이 책임을 다하고 이스라엘 선민이 예수님을 메시아로 받아들였더라면, 그들은 로마 제국이 이뤄 놓은 환경을 통해 세계 복음화의 중심이 되었을 것입니다.

〈도표 3〉 예수님을 중심한 세계적 가나안 복귀 노정

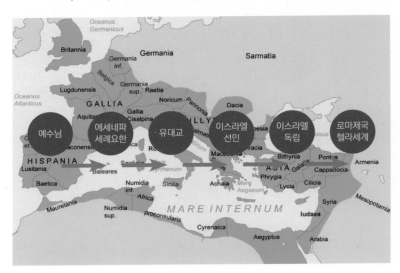

그러나 세례 요한은 예수님을 의심했고 제자들을 예수님께로
인도하지 않았습니다(눅 7:18-28). 유대민족의 존경을 한 몸
에 받던 세례 요한이 예수님을 모시지 않자, 예수님은 무너진
민족적 기반을 스스로 쌓아야 했습니다.

절반의 성공과 재림의 약속

예수님은 십자가에서 돌아가신 후 부활하셨습니다. 부활하신
예수님과 강림하신 성령이 영적 참부모가 되어 2천년간 기독
교 신도들을 영적으로 중생시키는 역사를 전개했습니다. 그러

《그리스도의 세례》 피에로 델라 프란체스카 | 예수님께서 요단강에서 세례 요한에게 세례를 받으셨습니다. 요한은 예수님을 '하나님의 아들'이라고 증언했습니다(요 1:34).

나 영적 참부모가 영적 구원의 기반을 마련했지만, 인간의 원
죄를 완전히 청산하고 창조이상을 실체적으로 이룰 수는 없었
습니다.

예수님의 '다시 오마'라는 말씀은 재림의 약속이자, 어린 양
혼인잔치를 통해 미완의 사명을 완수하겠다는 의지의 표현입
니다. 이에 따라 기독교는 2천년 동안 어린 양 혼인잔치의 신
부인 독생녀를 맞이할 준비를 해왔습니다.

《십자가에서의 강림》 조반니 도메니코 티에폴로 | 예수님의 처절한 모습에 사람들은
깊은 슬픔과 비탄에 잠겨 있습니다. 막달라 마리아는 피 흘리시는 예수님을 바라보며
안타까워하고, 어머니 마리아는 창백한 얼굴로 혼절한 상태입니다.

1.6 독생녀 강림의 필연성

하늘부모님의 섭리에는 시기와 조건이 있습니다. 독생자가 오시기까지 4천년이 걸렸듯이, 독생녀를 보내시기 위해서도 2천년의 준비 기간이 필요했습니다. 왜 이토록 오랜 시간이 필요했을까요? 예수님 시대에 독생녀가 오실 수 없었던 이유를 살펴보면서, 우리는 그 필연성을 발견하게 될 것입니다.

예수님 시대의 영적 한계

전도서는 당시의 상황을 다음과 같이 기록하고 있습니다.

"천 사람 중에서 한 사람을 얻었거니와 천 명의 여자 중에서는 하나도 찾지 못하였느니라"(전 7:28)

이 말씀은 예수님 당시에 독생녀가 강림할 수 있는 영적 기준이 마련되지 않았음을 보여줍니다.

당시에는 예수님을 온전히 이해하고 도울 수 있는, 높은 영적 수준을 지닌 여성이 없었습니다. 이는 하늘부모님의 창조이상인 참부모가 현현하기 위해서는 독생자와 독생녀가 동등한 영적 기준 위에서 만나야 한다는 점에서 중대한 한계였습니다.

예수님의 어머니 마리아는 특별한 섭리적 위치에 있었습니다. 그녀는 누구보다도 앞장서서 예수님을 도와야 할 사명이 있었습니다. 그러나 마리아는 예수님의 메시아적 사명을 이해하지 못했고, 그분의 심정을 헤아리지도 못했습니다.

이러한 한계는 2가지 성서 기록에서 명확히 드러납니다. 첫째, 가나의 혼인잔치에서 예수님이 마리아에게 "여자여 나와 무슨 상관이 있나이까"(요 2:4)라고 말씀하신 것입니다. 이는 어머니조차 자신의 메시아적 사명을 이해하지 못하는 데 대한 안타까운 심정의 표현이었습니다. 둘째, "누가 내 어머니이며 동생들이냐 ... 하늘에 계신 내 아버지의 뜻대로 하는 자가 내 형제요 자매요 어머니니라"(마 12:48-50)라는 말씀입니다. 이는 육신의 혈연관계보다 하늘 뜻을 중심한 영적 관계가 더 중요함을 강조하신 것입니다.

독생녀가 필요한 이유

유대민족의 불신으로 인해 예수님은 참부모가 되지 못했습니다. 세계적 복귀 노정도 완성하지 못했습니다. 그래서 예수님은 재림을 약속하셨습니다. 신부와 함께 어린 양 혼인잔치를 통해 실체 참부모를 이루실 것을 예고하셨습니다.

예수님 시대의 한계는 역설적으로 독생녀 강림의 필연성을 보여줍니다. 하늘부모님의 창조이상은 지상천상천국을 이루는 것입니다. 이는 육계와 영계가 하나된 완전한 천국을 의미합니다. 이러한 이상은 실체를 지니고 오시는 재림주와 독생녀를 통해서만 실현될 수 있습니다.

독생녀를 위한 2천년의 준비

예수님과 성령의 2천년 역사는 독생녀를 맞이하기 위한 영적 기반을 조성하는 과정이었습니다. 이 기간 동안 기독교는 신부의 영적 기준을 점진적으로 높여왔습니다. 특히 여성의 영적 각성과 사회적 지위 향상은 독생녀 강림을 위한 필수적인 조건이었습니다.

[독생녀 강림의 필연성]

독생녀의 강림은 예수님 시대의 미완성된 구원섭리를 완성하기 위한 필연적 과정입니다. 하늘부모님의 창조이상이 실현되기 위해서는

첫째, 독생자와 독생녀가 동등한 영적 기준에 서야 합니다.
둘째, 실체 참부모를 통해 인류의 근본적인 혈통전환이 이루어져야 합니다.
셋째, 영계와 육계가 실체적으로 하나되어야 합니다.

이처럼 예수님 시대의 한계는 독생녀 강림의 필연성을 보여줍니다. 이를 통해 우리는 현대에 독생녀가 출현하신 섭리적 의미를 이해할 수 있습니다.

제2장

고대-중세:
신부 중의 신부를 찾아서

제2장

고대-중세:
신부 중의 신부를 찾아서

2천년 기독교 역사의 본질은 무엇일까요? 많은 이들은 십자가의 구원이나 선교의 역사를 말합니다. 하지만 더 깊은 곳에는 '신부'를 준비해온 섭리가 숨어 있습니다. 초대교회의 순교자들부터 중세의 여성 신비주의자들, 근대의 성령운동에 이르기까지, 하늘부모님은 한결같이 신부를 찾아 나오셨습니다. 기독교는 신부를 준비하는 섭리적 도구입니다. 이는 마침내 독생녀의 출현으로 완성되었습니다.

2.1 기독교는 신부종교

예수님은 왜 '나는 신랑이요 너희는 신부'라는 말씀을 남기셨을까요? 기독교가 2천년 동안 신부의 정체성을 강조해온 이유는 무엇일까요? 이는 비유적인 표현이 아닙니다. 기독교는 본질적으로 신부를 준비하는 종교입니다. 이는 기독교가 단순히 구원을 기다리는 것이 아니라, 어린 양 혼인잔치를 위해 신부의 역할을 다하는 적극적인 사명이 있다는 뜻입니다.

신부 준비의 2가지 차원

계시록에는 "어린 양의 혼인 기약이 이르렀고 그의 아내가 자신을 준비하였으므로 그에게 빛나고 깨끗한 세마포 옷을 입도록 허락하셨으니 이 세마포 옷은 성도들의 옳은 행실이로다"(계 19:7-8)라고 기록되어 있습니다. 이 말씀은 준비된 '신부'가 있어야 함을 분명히 보여줍니다.

신부의 준비는 '교회 공동체' 차원에서 이루어져야 합니다. 계시록의 '성도들의 옳은 행실'이란 마치 결혼을 앞둔 신부된 교회가 자신을 단장하며 예비하는 것과 같습니다. 즉, 기독교는 신부를 맞이할 준비를 해야 한다는 뜻입니다.

신부 중의 신부, 교회 중의 교회

성서에서 신부의 모티프는 구약의 아가서와 신약의 요한계시록에 집중됩니다. 신부에 대한 해석은 크게 교회적 관점과 신비주의적 관점이 있습니다. 교회는 신부를 교회 공동체로 해석합니다. 재림주가 오실 때 자신의 교회가 신부로서 영화롭게 되기를 바랍니다. 반면, 신비주의자들은 신부를 개인으로 해석합니다. 계시를 받아 자신이 아가서에 기록된 것처럼 주님의 신부라고 주장합니다.

이러한 2가지 해석은 서로 대립되는 것이 아닙니다. 이는 신약시대 양자권의 서로 다른 측면을 보여줍니다. 즉 교회적 해석은 공동체적 차원의 구원을 강조하고, 신비주의적 해석은 개인적 차원의 영적 체험을 강조한 것입니다. 2가지 관점은 모두 독생녀 출현을 위한 영적 기반을 마련하는 데 기여했습니다.

《솔로몬의 노래》 윈체스터 대성당 | 아가서는 '솔로몬의 노래'라고도 합니다. 솔로몬과 술람미 여인의 사랑이야기이기 때문입니다. 아가서는 중세 신부 신비주의자들에게 많은 영감을 주었습니다.

성령은 어떻게 실체가 되었나

성령의 실체화는 하늘부모님의 구원섭리에서 핵심적인 과정
입니다. 이는 무형의 성령이 점진적으로 실체를 갖추어 가는
과정으로 이해할 수 있습니다.

참아버님은 성령의 본질에 대해 다음과 같이 설명하셨습니
다.

"본래의 아담 해와가 타락하기 전에... 타락하지 않은 해와가
어머니의 영이 될 것이었는데 타락함으로 말미암아 본연의 그

52

기준을 하나님 품으로 복귀해 거두어 뒀던 것을 재차 이 땅 위에 어머니 신성으로 보내는 것입니다."[1]

이 말씀은 성령이 단순히 하늘부모님의 능력이나 임재가 아니라, 하늘부모님의 여성성을 나타내는 신적 존재임을 의미합니다. 성령의 역사는 크게 3단계로 발전했습니다.

1단계. 무형의 성령 역사: 오순절 성령 강림으로 시작된 영적 중생의 단계
2단계. 여성을 통한 성령 역사: 신령한 여성들과의 연합을 통한 구체화 단계
3단계. 실체성령의 현현: 독생녀를 통한 성령의 실체화 완성

계시록 22장 17절의 "성령과 신부가 말씀하시기를 오라 하시는도다"라는 구절은 성령이 실체를 갖춘 독생녀로 나타날 것을 예언한 것입니다. 이는 하늘부모님의 여성성이 실체를 갖춘 여성과 결합하여 독생녀로 나타난다는 뜻입니다.

기독교의 영적 사명은 독생녀의 출현을 준비하는 것입니다. 이는 성령의 실체화 과정을 통해 완성되었습니다. 이러한 이해는 기독교 역사를 새로운 관점에서 조망할 수 있게 합니다.

---

1) 문선명선생말씀편찬위원회, 『문선명선생말씀선집 제155권』(서울: 성화출판사, 2002), 311. 이하 『선집』이라고 표기합니다.

2.2 하늘이 찾아 나선 참된 교회

기독교는 왜 수많은 교회로 나뉘었을까요? 역사를 보면 흥미로운 패턴이 발견됩니다. 교회가 세속화될 때마다 어김없이 성령의 새로운 바람이 불어 교회를 정화하고 개혁했습니다. 이 분립의 역사 속에는 하늘부모님의 섭리가 숨어있습니다. 하늘부모님은 독생녀를 보내시기 위해 2천년 동안 분립섭리를 통해 교회를 분별해 오셨습니다. 이는 독생자를 찾기까지의 긴 여정만큼이나 많은 희생과 정성이 필요한 과정이었습니다.

성령이 이끈 교회 분별의 역사

참아버님은 이러한 섭리의 과정을 다음과 같이 말씀하셨습니다.

"아담 하나를 찾기 위해 역사가 수많은 투쟁을 하면서 피를 흘리고 곡절을 거쳐온 것과 마찬가지로, 어머니를 찾아 나오는 데 있어서도 얼마나 희생의 대가를 치렀는지 몰라요. 어머니 기준을 이어 나오기 위해 수천년 전에 계시를 받아 준비를 했던 사람이 계대를 잇고 이어서 이 시대가 된 것입니다."[2]

교회사를 보면, 제도화된 교회와 더 영적이고 신비주의적인

---

2) 『선집 제264권』, 56.

운동 사이의 긴장관계를 볼 수 있습니다. 대체로 제도권 교회는 교리와 조직의 안정성을 추구했습니다. 반면, 신령한 신도들은 더 직접적인 신비 체험과 개혁을 강조했습니다. 여기서 제도권 교회를 가인형이라고 할 수 있고, 신령파를 아벨형이라고 할 수 있습니다. 하늘은 이러한 분립을 통해 독생녀를 맞을 수 있는 영적 기준을 지닌 교회를 찾아 나오셨습니다. 〈도표 4〉는 오순절 성령 강림부터 독생녀 탄생까지의 기독교를 중심한 분립섭리입니다.

〈도표 4〉 기독교를 중심한 분립섭리

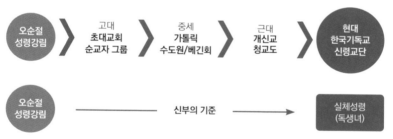

* 성령은 기독교 2천년 동안 중생 역사를 통해 참된 교회와 독생녀를 찾아 나왔습니다.

순수한 신앙을 찾아서

오순절 성령 강림 이후, 기독교가 급속히 확산되었습니다. 이때 로마 제국의 박해로 독실한 기독교인들이 순교를 당했습니다. 도나투스파는 박해 시기에 배교했던 성직자들을 인정하지 않았습니다. 이들은 순교자들의 신앙적 순결성을 찬양했습니다.

중세에는 교회의 세속화에 대응하여 수도원 운동이 일어났습니다. 여성 신비주의자들과 베긴회는 그리스도와의 직접적인 영적 교통을 추구했습니다. 근대에는 종교개혁을 통해 타락한 가톨릭에서 개신교가 분립했습니다. 개혁 정신은 청교도와 경건주의 운동으로 이어졌습니다.

한국에서 맺어진 결실

한국의 개신교는 이러한 종교개혁의 영성을 이어받았습니다. 특히 미국의 영적 대각성운동에 직접적인 영향을 받아 20세기 초부터 신령운동이 활발하게 일어났습니다. 여성 신령집단은 계시를 받아 재림주와 신부의 강림을 준비했습니다. 이처럼 하늘은 신령한 교회를 통해 독생녀를 맞이할 수 있는 영적 기반을 마련하셨습니다.

분립섭리는 단순한 교회의 분열이 아닙니다. 더 높은 영적 기준을 향한 분별의 과정이었습니다. 제도권 교회가 세속화될 때마다 성령의 역사로 신령한 교회가 분립됐습니다. 이러한 과정을 통해 마침내 독생녀를 맞을 수 있는 교회가 준비되었습니다.

2.3 성령강림으로 시작된 새 시대

기독교는 어떻게 시작되었을까요? 예수님의 죽음으로 모든 것이 끝난 것 같았습니다. 그런데, 어떻게 전 세계로 뻗어나가는 새로운 신앙운동이 시작될 수 있었을까요? 오순절 성령강림으로 예수님과 성령이 인류를 영적으로 중생시키는 새 시대가 열렸습니다. 기독교는 제2이스라엘 선민으로서의 사명을 시작하게 되었습니다.

영적 참부모 시대의 개막

예수님이 십자가에서 돌아가신 후 부활하셨고, 오순절에 성령이 강림했습니다. 예수님과 성령은 영적인 참부모가 되어 인류를 영적으로 중생시키는 역사를 시작하셨습니다. 이는 구원섭리가 새로운 단계로 나아가는 것을 의미했습니다.

성령은 하늘부모님의 여성성을 나타내는 신성입니다. 성령은 마치 어머니가 자녀를 잉태하고 양육하듯 신도들을 영적으로 낳아 양육하는 역사를 했습니다. 기독교 신도는 성령의 역사에 힘입어 종의 자리에서 양자의 자리로 올라설 수 있게 되었습니다.

에클레시아, 밖으로 불러내어진 자들

사도행전 2장은 오순절 성령 강림의 현장을 생생하게 전하고 있습니다. 갑자기 하늘로부터 강한 바람 소리가 들리고 불의 혀와 같은 것이 각 사람 위에 임했습니다. 성령 충만을 받은 제자들이 여러 나라의 언어로 말하기 시작했습니다. 이를 목격한 경건한 유대인들은 크게 놀랐습니다.

베드로가 요엘 선지자의 예언을 인용하며 예수 그리스도의 부활을 선포했습니다. 그때, 많은 사람들이 마음이 찔렸습니다. 그날 약 3천 명이 회개하고 세례를 받았습니다. 이들은 서로 교제하며 떡을 떼고 기도하기를 힘썼습니다.

이렇게 탄생한 '에클레시아'(Ecclesia)는 '밖으로 불러냄을 받은 자들'이라는 뜻입니다. 교회는 세속에서 분립된 성별된 공동체로서, 하늘부모님에게서 부름받은 이들의 모임이었습니다.

《오순절》장 레스투 | 하늘에서 강렬한 빛이 내려오고, 불꽃 모양의 혀가 각 사람 위에 임했습니다. 이 순간, 사람들은 경외감과 놀라움, 기쁨으로 충만해졌습니다. 성령 강림을 통해 제자들은 변화되었고, 복음의 증인으로 나아가 교회가 탄생했습니다.

제2이스라엘 선민의 탄생과 사명

기독교 신도들은 유대민족을 대신하여 제2이스라엘 선민이 되었습니다. 이는 혈통적 이스라엘이 아닌, 믿음으로 연결된 영적 이스라엘이 섭리를 이어가게 되었음을 의미합니다. 이제 교회는 유대인만의 공동체가 아닌, 모든 민족을 포용하는 보편적 공동체가 되었습니다.

성령 강림은 구원의 방식에도 큰 변화를 가져왔습니다. 율법 시대에는 외적인 규범을 통해 하늘부모님의 뜻을 알고 행해야 했습니다. 이 시기에 이스라엘 선민들은 율법이 들어있는 법

궤와 성전을 중심으로 하늘부모님과 관계를 맺었습니다. 그러나 이는 주로 천사들을 통한 간접적인 관계였습니다. 하늘부모님의 뜻이 천사들을 통해 전달되었고, 선민들은 종의 입장에서 십계명을 새긴 돌판과 법궤, 그리고 성전을 통해 메시아를 맞을 영적 기반을 쌓았습니다. 하지만, 성령 시대에는 내주하시는 성령을 통해 직접적으로 하늘부모님의 뜻을 깨닫고 행할 수 있게 되었습니다. 율법이 우리를 그리스도께로 인도하는 초등교사 역할을 하던 시대가 끝나고, 믿음의 시대, 즉 성령의 직접적인 인도를 받는 성숙한 시대가 된 것입니다(갈 3:23-25).

성령 강림으로 열린 새 언약의 시대

성령 강림은 구약의 예언들이 성취되는 순간이었습니다. 하늘부모님은 새 언약을 더 이상 돌판에 새겨진 율법이 아닌 사람들의 마음에 직접 새겨질 것이라고 하셨습니다(렘 31:31-33, 겔 36:26-27). 이제 성령의 강림으로 하늘부모님의 뜻이 성도들의 마음에 직접 새겨지게 되었습니다.

성령 강림을 통해 제자들은 복음 전파의 능력을 얻었습니다. 제자들은 예루살렘을 넘어 유대와 사마리아, 그리고 땅 끝까지 복음을 전파했습니다. 이는 초대교회의 급속한 성장으로 이어졌습니다. 이를 통해 영적 구원의 새 시대가 본격적으로 시작되었습니다.

오순절 성령 강림은 하늘부모님의 구원섭리에서 새로운 장을 여는 결정적 전환점이었습니다. 이를 통해 영적 구원의 기반이 마련되었고, 독생녀를 맞이하기 위한 영적 준비가 시작되었습니다.

2.4 순교로 지킨 신앙의 순결

순교자들은 왜 목숨까지 바치며 신앙을 지켰을까요? 초대교회는 사자 굴에 던져지고 기름가마에 던져지는 박해 속에서도 신앙을 지켜낸 순교자들의 시대였습니다. 이어서 더 깊은 영성을 추구하며 수도원 운동이 일어났습니다. 이러한 과정을 통해 기독교는 순수한 신앙과 깊은 영성의 전통을 확립했습니다. 순교의 정신은 기독교의 영적 기준을 더욱 높이는 데 기여했습니다. 이는 후일 독생녀 출현을 위한 중요한 영적 기반이 되었습니다.

황제숭배냐, 죽음이냐

로마제국은 광활한 영토를 하나로 통합하기 위해 황제숭배를 강요했습니다. 다양한 민족과 문화를 포용한 로마는 각 지역의 신들을 인정했습니다. 하지만, 황제를 최고의 신으로 숭배할 것을 요구했습니다. 대부분의 종교는 이를 수용했습니다.

《칼리굴라가 백성의 경배를 받고 있다》에밀 레비 | 로마 제국의 3대 황제 칼리굴라가
주피터 조각상의 옆자리에 앉아 경배를 받고 있습니다.

그러나, 유일신을 믿는 기독교인들은 이를 받아들일 수 없었습니다.

순교자들의 죽음은 신앙을 지키는 최후의 보루였습니다. 그들은 육신의 생명보다 영적 순결을 더 귀하게 여겼습니다. 이는 마치 신부가 신랑에 대한 절대적 사랑과 순결을 지키는 것과 같은 의미를 지녔습니다.

동정 순교자, 알렉산드리아의 카타리나

알렉산드리아의 카타리나는 초대교회 순교자들의 신앙을 잘 보여줍니다. 18세의 젊은 귀족 여성인 카타리나는 뛰어난 미모와 지성을 가졌습니다. 그녀는 황제숭배를 거부하고 부황제의 청혼까지 물리쳤습니다.

카타리나는 50명의 철학자들과 논쟁했지만 승리했습니다. 오히려 그들을 기독교로 개종시켰습니다. 혹독한 고문에도 굴하지 않았습니다. 그녀는 "저는 이미 그리스도와 약혼했습니다. 그분은 나의 영광이요, 나의 사랑이며, 나의 달콤함이요, 나의 연인입니다. 어떤 고문도 그분의 사랑으로부터 나를 떼어놓을 수 없을 것입니다"라고 고백했습니다.

순교자들의 절대 신앙은 교회의 영적 기준을 높였습니다. 동

《알렉산드리아의 성 카타리나》 미켈란젤로 메리시 다 카라바조 | 막시미누스 부황제
는 못 박힌 바퀴 고문으로 효과를 보지 못하자 카타리나를 참수했습니다. 정면을 응시
한 강렬한 눈빛은 그녀의 흔들림 없는 신앙과 결연한 의지를 보여줍니다.

정 순교자들의 절개는 신부로서의 절대적 믿음과 사랑의 표현이었습니다. 이들의 이야기는 성인전을 통해 후대 기독교인들에게 전해졌습니다.

광야에서 피어난 영성의 꽃

313년 콘스탄티누스 황제가 기독교를 공인했습니다. 순교할 기회를 놓친 이집트의 안토니우스는 대신 사막으로 나가 수도 생활을 하기 시작했습니다. 교회가 급속히 세속화되자, 파코미우스는 수도원 공동체를 설립했습니다. 수도사들은 '하나님의 것과 카이사르의 것'을 구분하기를 원했습니다. 이들은 황량한 땅에서 하루에 7번 기도하며 영성을 이어갔습니다.

수도원 운동은 세속과 구별되는 삶의 방식을 통해 기독교적 이상을 실현하려는 노력이었습니다. 이는 교회의 영적 갱신과 개혁의 원동력이 되었고, 중세 기독교 영성의 중심축 역할을 했습니다.

이렇게 순교자들의 순수한 믿음과 수도자들의 깊은 영성은 교회의 영적 기준을 높이는 데 크게 기여했습니다.

2.5 중세를 수놓은 여성 신비주의자들

중세에는 신령한 여성들이 등장하여 '그리스도의 신부'라고 고백했습니다. 이들을 어떻게 이해해야 할까요?

베긴회가 연 새로운 영성의 길

13세기 벨기에와 네덜란드를 중심으로 신령한 여성 공동체인 베긴회가 등장했습니다. 이 운동의 배경에는 중세 교회의 위기가 자리잡고 있었습니다. 앞서 이야기했듯이 4세기 콘스탄티누스 황제의 기독교 공인 이후, 교회는 급속히 세속화되었습니다. 교회가 정치권력과 결탁하고 물질적 부를 추구하면서 영적 권위는 추락하였습니다. 이는 수도원 제도에도 영향을 미쳤습니다.

10세기에 이르자 수도원마저 세속 권력에 연루되었습니다. 영성이 심각하게 훼손되었습니다. 이러한 상황에서 13세기 초 서유럽에 베긴회라는 신령한 여성 공동체가 등장했습니다.

베긴회의 가장 큰 특징은 자율성과 유연성이었습니다. 기존 수녀원은 엄격한 위계질서와 경직된 규율 속에서 운영되었습니다. 이와 달리, 베긴회는 설립자나 통일된 규칙이 없이 자발적인 공동체로 운영되었습니다. 남성 성직자나 교회의 위계서

열에 얽매이지 않으면서도, 기도와 노동, 봉사활동을 통해 영성을 추구했습니다.

이러한 베긴회의 출현은 여성들의 종교적 열망이 제도권의 한계를 뛰어넘어 새로운 형태로 표현된 것이었습니다. 이는 중세 교회의 위기를 보여주는 것이었습니다. 동시에, 영성의 자유로운 발현을 통해 그 위기를 극복하려 했던 시도였습니다.

신부 신비주의의 꽃을 피우다

중세 여성 신비주의자들의 가장 중요한 특징은 그리스도와의 영적 결혼을 통한 신비적 합일의 체험이었습니다. 이들은 아가서를 그리스도와 인간 영혼 사이의 신비로운 사랑을 상징하는 텍스트로 이해했습니다.

여성 신비가들은 제도나 교리를 통하지 않고 그리스도와 직접 교통했습니다. 이들에게 있어 신앙의 본질은 이성적 이해를 넘어선 사랑의 합일이었습니다. 이러한 신비 체험은 자연스럽게 이웃 사랑의 실천으로 이어졌습니다. 이들은 모성적이고 포용적인 영성으로 당시 교회에 새로운 활력을 불어넣었습니다.

《시에나의 성녀 카타리나의 신비로운 결혼》 클레멘스 데 토레스 | 시에나의 성녀 카타리나는 예수님과의 '영적 결혼'을 경험한 것으로 유명합니다. 그녀는 1368년 21세에 깊은 기도 중에 신비로운 체험을 하였습니다. 수많은 천사와 성모 마리아, 성 요한, 성 바오로, 성 도미니코가 나타났고, 다윗 왕이 하프로 음악을 연주하는 가운데 성모 마리아가 그녀의 손을 그리스도의 손에 쥐어주었습니다. 예수님은 그녀의 손가락에 금으로 된 반지를 끼워주며 그녀와 영적인 약혼을 맺었다고 선언하셨습니다. 그녀는 이 반지가 다른 사람들에게는 보이지 않지만, 그리스도의 살로 된 것이라고 주장했습니다.

주님의 신부들

1) 영원한 사랑의 노래: 마그데부르크의 메히틸트

베긴회의 자유로운 영성 속에서 메히틸트는 그리스도와의 사랑을 가장 아름다운 시로 노래했습니다. 『신성의 흐르는 빛』에서 그녀는 신랑되신 주님을 향한 마음을 이렇게 표현했습니다.

"오 주님, 당신은 나의 달콤한 사랑이요, 나의 가장 깊은 갈망이며, 나의 마지막 숨결입니다. 제가 당신을 얼마나 기다렸는지요! 이제 저는 당신의 품에 안겼습니다. 신성한 사랑의 불길이 저를 태우고, 저는 당신과 하나가 되었습니다."

메히틸트는 영혼이 신부로서 거쳐야 할 영적 여정을 3단계로 설명했습니다. 첫째는 자아를 비우는 정화의 단계, 둘째는 신랑을 기다리는 준비의 단계, 셋째는 완전한 합일을 이루는 완성의 단계입니다. 이러한 그녀의 영적 여정은 후대의 많은 신비가들에게 영감을 주었습니다.

《성녀 카타리나의 신비로운 결혼》 바르나 다 시에나 │ 예수님이 그녀에게 반지를 끼워주는 것은 '신비한 결혼'을 의미합니다. 아기 예수님의 경우, 그녀와의 영적 결합을 상징하고, 성인 예수님의 경우, 그녀의 영적 성숙함을 나타냅니다.

2) 어머니의 마음을 발견한 은둔자: 노리치의 줄리안

줄리안의 특별함은 하나님의 모성적 사랑을 깊이 체험했다는 점입니다. 그녀의 『신성한 사랑의 계시』에는 다음과 같은 구절이 있습니다.

"주님께서 내게 보여주신 것처럼, 하나님은 우리의 어머니이십니다. 마치 어머니가 자녀를 품듯이, 하나님은 우리를 당신 안에 품으시고 결코 떠나지 않으십니다. 하나님의 사랑은 어머니의 사랑보다 더 깊고 온전합니다."

이러한 통찰은 하나님의 여성성을 이해하는 중요한 영적 기반이 됩니다.

3) 순수한 사랑의 실천자: 제노바의 카타리나

카타리나는 신비체험을 실천적 삶으로 승화시킨 대표적인 예입니다. 27세의 회심 체험에서 그녀는 이렇게 고백했습니다.

"주님의 사랑이 내 안에 불타오르자, 세상의 모든 것이 달라 보였습니다. 이제 나는 더 이상 자신을 위해 살지 않고, 오직 그분을 위해, 그리고 그분의 사랑으로 살기로 했습니다."

카타리나는 병자들을 돌보며 봉사했고, 자신의 영적 체험을
『영혼론』에 담아 후대에 전했습니다.

깊어지는 신부의 영적 기준

중세의 신령한 여성들은 각자의 방식으로 신부 신비주의의
전통을 발전시켰습니다. 이들은 공통적으로 그리스도와의 직
접적이고 친밀한 관계를 강조했습니다. 특히 하나님의 모성적
사랑에 대한 깊은 이해를 보여주었습니다.

이렇게 여성 신비가들의 영성은 신부의 자격 기준을 새롭게
정립했습니다. 하나님의 여성성에 대한 이해를 크게 심화시켰
습니다. 그들이 보여준 실체적 구원에 대한 갈망과 높은 영적
기준은 독생녀 출현을 위한 중요한 토대가 되었습니다.

2.6 신부 신비주의, 교회를 긴장시키다

중세의 신령한 여성들은 영성의 자유로운 발현과 교회의 제
도적 질서 사이에서 심각한 갈등을 겪었습니다. 이러한 긴장관
계에서 여성 신비가들의 영적 권위가 어떻게 보존되고 전승될
수 있었을까요?

교회의 감시와 통제 속에서

중세의 여성 신비주의자들은 대부분 수녀나 평신도 신분이었습니다. 교회는 이들의 영적 체험을 철저히 감시했습니다. 고해신부들이 교황의 첩자 역할을 했습니다. 그중 일부 성직자들이 이들의 비범한 영성을 귀하게 보았습니다. 이들은 신령한 여성들의 저술을 교회가 받아들일 수 있는 형태로 가다듬어 주었습니다.

《빙엔의 힐데가르트》 | 힐데가르트가 성령을 받아 집필하고 있습니다. 그녀는 폴마르의 도움으로 《Scivias(길을 알라)》를 완성했습니다.

힐데가르트와 폴마르, 클라라와 프란시스코, 메히틸트와 하인리히 등의 사례는 남성 성직자들이 여성 신비가들의 영적 유산을 보존하는데 협력한 드문 경우였습니다. 당시 가부장적 교회 질서 안에서 여성의 영적 권위가 인정되기란 매우 어려웠습니다.

제도권 교회와의 첨예한 갈등

여성 신비주의자들이 제도권 교회와 갈등을 빚은 근본적인 원인은 그들의 독립적인 영성에 있었습니다. 특히 다음과 같은 점들이 교회의 심기를 불편하게 했습니다.

첫째. 직접적 계시의 문제: 성직자의 중재 없이 하나님과 직접 교통한다는 주장

둘째. 교리 해석의 차이: 성서에 대한 독자적이고 신비적인 해석

셋째. 제도적 통제의 거부: 수도원 체제를 벗어난 자유로운 영성 생활

넷째. 여성의 영적 권위: 전통적인 교회의 위계질서에 대한 도전

"가짜 신부"의 화형

마르그리트 포레테의 경우, 교회와의 갈등이 얼마나 심각했는지를 잘 보여줍니다. 『단순한 영혼의 거울』은 신부의 정체성

을 가장 담대하게 선언한 저서입니다. 그녀는 영혼이 어떻게 완전한 자유에 이르는지를 7단계로 설명하며, 특히 마지막 단계에서 영혼이 신랑되신 주님과 완전히 하나됨을 강조했습니다.

1310년, 파리 대광장에서 열린 마지막 심문에서 포레테는 이렇게 증언했습니다.

"저는 주님의 사랑을 배신할 수 없습니다. 그 사랑은 제 영혼의 생명이며, 그 사랑 없이는 살 수 없습니다."

교회는 포레테가 자신을 '주님의 신부'라고 주장한 것에 크게 반발했습니다. 심판관은 그녀를 "가짜 신부(pseudo-mulier)"라고 비난하고, 이단자로 몰아 화형에 처했습니다. 교회는 포레테의 영적 계시가 지닌 독립성과 자율성을 결코 용납할 수 없었던 것입니다.

종교개혁으로 이어진 영적 자유

이러한 갈등은 결국 종교개혁으로 이어졌습니다. 루터의 '오직 성서로'와 '만인제사장설'은 신자가 성직자의 중재 없이도 하나님과 직접 교통할 수 있다는 원칙을 확립했습니다. 이는 중세 신비주의자들이 추구했던 직접적인 영적 체험의 자유가 제도적으로 보장되는 계기가 되었습니다.

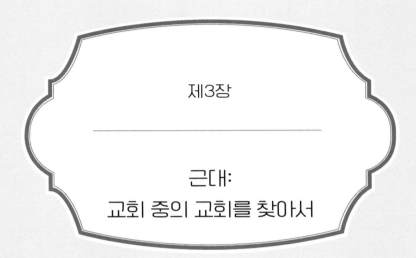

제3장

근대:
교회 중의 교회를 찾아서

제3장

근대:
교회 중의 교회를 찾아서

기독교에는 왜 끊임없는 변화와 개혁이 일어날까요? 16세기부터 20세기 초까지 기독교는 세 차례의 대변혁을 겪었습니다. 이 변혁의 과정은 언제나 소수의 순수한 신앙인들로부터 시작되었습니다. 그들은 제도권 교회로부터 심한 박해를 받았습니다. 그러나 이러한 박해와 탄압은 오히려 교회가 더 높은 영적 기준으로 분별되는 계기가 되었습니다.

3.1 문예부흥과 종교개혁: 유럽을 뒤흔든 2개의 물결

14세기부터 16세기 사이 유럽에서 2가지의 거대한 문화적 조류가 일어났습니다. 문예부흥이 헬라사상을 부활시켜 이성과 경험 중심의 합리주의를 추구했습니다. 반면, 종교개혁은 히브리사상을 부활시켜 경건과 신비체험을 통해 기독교 영성을 지향했습니다.

이 두 흐름의 발전은 독생자와 독생녀 강림 준비기의 동시성을 보여줍니다. 구약시대 말기 400년간 헬레니즘과 헤브라이즘의 분립을 통해 독생자 예수님의 강림을 준비했듯이, 신약시대 말기 400년간 인본주의와 신본주의의 분립을 통해 독생녀의 강림을 준비했습니다.

인본주의와 신본주의의 분립

문예부흥과 종교개혁은 각각 가인형과 아벨형의 두 인생관을 형성했습니다. 문예부흥에서 시작된 가인형 인생관은 인본주의적 가치관을 확립했습니다. 반면, 종교개혁에서 비롯된 아벨형 인생관은 신본주의적 가치관을 세웠습니다.

이 두 흐름은 3단계에 걸쳐 발전했습니다. 제1차 문예부흥과 종교개혁이 17세기에서 18세기에 계몽주의와 경건주의로 이어졌고, 제2차 문예부흥과 종교개혁으로 발전했습니다. 19세기에는 제3차 문예부흥이 유물사관으로, 제3차 종교개혁은 영적 대각성운동으로 나타났습니다.

이 대립되는 두 흐름에서 프랑스 시민혁명과 미국 독립혁명이 발생했습니다. 인본주의를 기반으로 한 프랑스 혁명이 기존 질서의 전복을 통해 시민의 권리를 주장했다면, 신본주의를 기반으로 한 미국 독립혁명은 하나님이 부여한 천부인권의 실현을 추구했습니다.

순수한 신앙의 대가, 박해와 분립

400년 동안 가인형 인생관과 아벨형 인생관이 상호작용해왔습니다. 이를 통해 독생녀의 강림을 위한 현실적, 영적 기반이 점진적으로 마련되었습니다.

종교개혁의 각 단계는 언제나 진리를 추구하는 소수의 신실한 신앙인들로부터 시작되었습니다. 이들은 제도권 교회의 타락에 고뇌했고, 성서와 양심에 따라 개혁을 추구했습니다. 그러나 그들의 순수한 신앙적 열망은 교회의 강한 반대에 부딪혔습니다.

교회는 이들을 이단으로 정죄하고 파문했습니다. 때로는 생명의 위협까지 가했습니다. 그러나 박해는 오히려 개혁 세력이 기존 교회에서 분리되어 더 높은 영적 기준을 확립하는 계기가 되었습니다. 이는 마치 초대교회 시대에 로마의 박해가 오히려 기독교의 순수성을 지키는 데 기여했던 것과 같습니다.

참된 교회 찾기의 긴 여정

이러한 변혁의 과정은 하늘부모님이 참된 교회를 찾아 나오시는 긴 섭리적 여정이었습니다. 제1차 종교개혁은 타락한 교회 제도와 교리를 개혁했습니다. 제2차 종교개혁은 경건운동을 통해 내적 기준을 높였습니다. 제3차 종교개혁은 영적 대각성운동으로 실천적 기준을 확립했습니다.

이처럼 3차례의 종교개혁은 각각 진리, 영성, 실천이라는 측면에서 교회의 기준을 높여왔습니다. 이는 마치 신부가 혼인을 준비하며 외모를 단장하고, 내면을 갖추며, 실제적인 준비를 하는 것과 같습니다. 이러한 준비를 통해 마침내 독생녀를 맞이할 수 있는 교회의 영적 기반이 조성되었습니다.

3.2 제1차 종교개혁: 신앙의 자유를 향한 불길을 당기다

1517년 비텐베르크의 한 수도사가 성당 문에 95개조 반박문을 내걸었습니다. 이것은 대학에서 학술적 토론을 요청하는 흔한 관행이었습니다. 하지만 이 작은 사건은 의도치 않게 유럽 전체를 뒤흔드는 거대한 개혁의 불길을 당겼습니다.

루터의 3대 논문, 교회의 권위에 정면으로 도전하다

1520년은 기독교 역사의 중대한 전환점입니다. 마틴 루터는 3편의 논문을 발표하여 로마 가톨릭 교회의 권위에 정면으로 도전했습니다. 1517년의 95개조 반박문이 면벌부 판매를 비판하는 데 그쳤다면, 이 3대 논문은 교회의 근본적인 개혁을 요구했습니다.

첫 번째 논문 〈독일 기독교 귀족에게 고함〉에서 루터는 '만인사제설'을 주장했습니다. 모든 신자가 하나님 앞에서 평등하며, 성서를 자유롭게 해석할 수 있다고 선언했습니다. 이는 성직자들만이 성서를 해석할 수 있다는 기존의 관념을 뒤흔드는 혁명적인 주장이었습니다.

두 번째 논문 〈교회의 바벨론 포로〉에서는 가톨릭의 7성사

제도를 비판했습니다. 루터는 성사가 영혼을 구속하는 수단이 되어서는 안 된다고 강조했습니다. 이는 교회가 성사를 통해 신자들을 통제하던 관행에 대한 근본적인 도전이었습니다.

세 번째 논문 〈그리스도인의 자유〉에서는 '이신칭의'를 강조했습니다. 선행이 구원의 조건이 아닌 믿음의 결과라고 설명하며, 오직 믿음으로 구원받는다는 원리를 분명히 했습니다.

[루터의 3대 원리]

루터의 개혁은 3가지 핵심 원리로 요약됩니다.

1. 오직 성서(Sola Scriptura): 성서만이 신앙과 생활의 유일한 기준
2. 오직 믿음(Sola Fide): 믿음으로만 구원
3. 오직 은혜(Sola Gratia): 구원은 전적으로 하나님의 은혜

박해, 새로운 교회의 탄생으로

루터의 종교개혁은 처음에는 교회 내부의 개혁 운동으로 시작되었습니다. 그러나 로마 교회는 루터를 이단으로 정죄했습니다. 1521년 보름스 제국회의에서는 그를 추방령에 처했습니다. 박해는 오히려 루터교회가 로마 가톨릭에서 분립하여 더 순수한 신앙의 기준을 세우는 계기가 되었습니다.

신교와 구교의 분열은 단순한 교회의 분열이 아닙니다. 신부된 교회가 더 높은 영적 기준을 확립하는 섭리적 과정입니다. 루터는 성서의 진리를 회복함으로써 신부된 교회의 외적 기준을 새롭게 세웠습니다. 특히 만인사제설을 통해 모든 신자가 하늘부모님께 나아갈 수 있는 길을 열었습니다.

칼뱅, 개혁의 이상을 체계화하다

장 칼뱅은 종교개혁의 정신을 체계화한 인물입니다. 1543년에 완성된 그의 저서 『기독교강요』는 종교개혁의 신학을 포괄적이고 논리적으로 정리했습니다.

칼뱅도 루터와 마찬가지로 심한 박해를 받았습니다. 그는 프랑스에서 추방당했고, 한때는 제네바에서도 추방되었습니다. 그러나 시련은 오히려 개혁교회가 더욱 엄격한 신앙 기준을 세우는 계기가 되었습니다. 칼뱅의 교회는 철저한 교리 교육과 엄격한 치리를 통해 '거룩한 신부'의 모범을 보여주었습니다.

400년의 준비, 독생녀 강림의 토대

제1차 종교개혁의 결과, 개신교가 로마 가톨릭에서 분립했습니다. 신앙의 자유가 크게 확대되었습니다. 루터가 1520년 3대 논문을 발표하고, 칼뱅이 1543년 〈교회 개혁의 필요성〉을 신성로마제국 황제 카를 5세에게 제출한 때로부터 정확히 400년 후에 재림주님과 독생녀가 탄생하셨습니다. 이는 구약 시대 말기에 말라기 선지자의 개혁으로부터 약 400년 후에 독생자가 탄생하신 것과 같은 섭리적 동시성을 보여줍니다.

제1차 종교개혁은 독생녀 강림을 위한 섭리적 준비과정이었습니다. 이는 말라기 선지자의 개혁이 독생자 예수님의 강림을 준비했던 것과 같은 맥락에서 이해할 수 있습니다.

3.3 제2차 종교개혁: 형식화된 신앙에서 깊은 영성으로

종교개혁 이후, 개신교는 뜻하지 않은 도전에 직면했습니다. 교리는 확립되었으나 신앙이 형식화되었고, 제도는 정비되었으나 영성이 메말랐습니다. 교회에서는 이제 차가운 교리 해석만이 울려 퍼졌습니다. 믿음으로 구원받는다는 교리가 오히려 영적 나태함을 낳은 것입니다.

제도화의 그늘, 메마른 신앙

1555년의 아우크스부르크 화의와 1648년의 베스트팔렌 조약으로 '지역의 군주가 그 지역의 종교를 결정한다'는 원칙이 확립되었습니다. 이로 인해, 개신교는 급속히 제도화되었습니다. 영국의 성공회, 독일의 루터교, 스코틀랜드의 장로교가 국가교회가 되었습니다.

이러한 제도화는 신앙의 형식화를 초래했습니다. 교회는 신도들에게 '오직 믿음으로 구원받는다'는 교리를 무조건적으로 받아들이게 했습니다. 하이델베르크 요리문답이나 웨스트민스터 신앙고백서를 암기하는 것이 신앙의 척도가 되었습니다. 신학교에서는 교리 중심의 성서 해석이 지배적이었습니다. 이는 종교개혁이 추구했던 본래의 정신이 아니었습니다.

청교도, 철저한 개혁을 주장하다

이러한 상황에서 영국과 스코틀랜드를 중심으로 청교도 운동이 일어났습니다. 청교도들은 교회의 순수성 회복과 개인의 경건을 강조했습니다. 이들은 영국 성공회가 로마 가톨릭의 관습과 교리를 고치지 않는 것에 반대하여 철저한 개혁을 요구했습니다.

그러나 영국 성공회는 청교도를 강하게 탄압했습니다. 지시를 거부하는 이들을 파문했습니다. 300명의 성직자들이 정직되었고, 73명은 영구적으로 직위를 박탈당했습니다.

박해를 받은 청교도들이 새로운 활로를 모색하게 되었습니다. 이는 세 방향으로 전개되었습니다. 장로교회는 성공회 내에서 개혁을 추구했습니다. 회중교회는 완전한 분리를 선택했습니다. 침례교회는 신자들의 자발적인 침례를 강조하는 길을 택했습니다. 이러한 분립은 각각의 교파가 더 높은 영적 기준을 세우는 계기가 되었습니다.

《플리머스에서의 첫 번째 추수감사절》 제니 A. 브라운스컴 | 1621년 플리머스의 청교도가 이주 후 첫 번째 추수감사절을 지내고 있습니다. 이들은 한 해 전 종교의 자유를 찾아 메이플라워 호를 타고 영국을 떠나 아메리카 식민지로 왔던 102명 가운데 52명만 살아남았습니다.

작은 교회 운동에서 시작된 큰 변화

독일의 루터교 목사 스페너는 '교회 안의 작은 교회' 운동을 벌여 경건주의의 새로운 장을 열었습니다. 그가 만든 경건회는 소그룹 모임을 통해 신도들의 신앙을 성장시켰고, 교회 전체를 갱신하는데 핵심적인 역할을 했습니다. 성도들은 자유롭게 성서를 읽고 토론하며, 서로의 신앙 체험을 공유했습니다. 이는 형식적인 예배를 넘어 일상생활에서 신앙을 추구하는 움직임이었습니다.

프랑케는 신도들에게 '회개의 투쟁'을 통해 참된 신앙인으로의 거듭날 것을 호소했습니다. 그것은 죄에 대한 인식과 고백, 악의 세력과의 대결, 하나님께의 순종 등 자아와의 싸움의 연속입니다. 진젠도르프는 모라비아 교회를 세워 경건주의를 더욱 실천적이고 선교 지향적인 신앙 운동으로 발전시켰습니다.

궁극적 의문: 나는 구원 받았는가

웨슬리의 영적 여정은 1729년 옥스포드 대학의 '홀리 클럽'에서 시작되었습니다. 이 모임은 엄격한 종교적 규율과 경건한 생활을 추구하여 '메소디스트'라고 불렸습니다. 메소디스트는 원칙주의자라는 뜻입니다. 이것이 후일 교파의 이름이 되었습니다.

웨슬리는 1736년 대서양을 건너는 배 안에서 충격적인 경험을 합니다. 폭풍우 속 난파 직전의 순간에도 평온하게 찬송가를 부르는 모라비안 교도들을 목격한 것입니다.

"나는 다른 이들을 구원하러 아메리카 식민지로 가고 있지만, 과연 내 자신이 구원받았는가?"

그는 심각한 고뇌에 빠졌습니다. 이후 그는 오랜 방황과 성찰 끝에, 마침내 회심을 체험하게 되었습니다.

폭풍우 속의 깨달음 | 배 안에서 울부짖는 소리와 조용한 찬송이 대조를 이루는 그 순간, 웨슬리는 '구원의 확신'이라는 진정한 신앙의 본질을 깨달았습니다.

웨슬리는 영국 전역을 순회하며 산업혁명으로 고통받는 노동자들에게 복음을 전했습니다. 그는 인간이 성령의 역사로 완전한 성화에 이를 수 있다고 가르쳤습니다. 그리고 사회를 개혁해야 한다고 주장했습니다. 그의 개혁 운동은 성공회의 심한 박해로 인해 결국 독립적인 교파로 분립되었습니다.

제2차 종교개혁은 제도화된 개신교회의 한계를 극복하고 교회에 새로운 영적 활력을 불어넣었습니다. 제1차 종교개혁이 제한적인 종교의 자유를 얻는 데 그친 반면, 제2차 종교개혁은 교파의 분립을 통해 개인이 양심에 따라 신앙을 선택할 수 있는 폭을 넓혔습니다. 이는 다양한 교파의 형성을 이끌어내어 기독교의 영적 지평을 확장하고 그 깊이를 더하는 데 크게 기여했습니다.

3.4 제3차 종교개혁: 성령의 불길, 세계를 덮다

미국의 건국은 깊은 영적 의미를 지닌 사건이었습니다. 그 중심에는 영적 대각성운동이라 불리는 성령의 큰 역사가 있었습니다. 미국에서 성령의 불길은 개인의 회심을 넘어 사회 개혁으로 이어졌고, 마침내 세계 선교의 새로운 장을 열었습니다. 이 불길은 후일 한국의 영적 부흥과도 깊은 관련이 있습니다.

제1차 영적 대각성운동: 어린 소녀의 기도로 타오른 첫 불씨

1734년 매사추세츠 주의 노샘프턴은 영적으로 침체되어 있었습니다. 영적 침체의 원인은 청교도 후손들의 세속화에 있었습니다. 종교의 자유를 찾아 아메리카 식민지로 이주했던 청교도 선조들의 종교적 열정이 후손들에게 이어지지 않았던 것입니다. 영국으로부터 급속히 확산된 상업주의로 인해 신앙이 빛을 잃어갔습니다. 계몽주의의 영향으로 교회에는 합리주의가 침투했습니다. 많은 이들이 성서의 기적을 믿지 않았습니다. 예수님을 도덕 교사 정도로 여겼습니다. 이신론의 확산은 신앙의 근본을 크게 흔들었습니다.

조나단 에드워즈 목사가 이러한 상황을 개탄하며 회개와 거듭남을 촉구했습니다. 그는 "여러분! 이대로 가면 모두 지옥입니다. 여러분이 받은 세례는 모두 무효입니다!"라고 경고했습니다. 하지만, 사람들의 반응은 냉담했습니다.

변화의 시작은 뜻밖의 곳에서 일어났습니다. 어린 소녀 페베 바틀릿이 매일 골방에 들어가 간절하게 기도를 하기 시작한 것입니다.

"주님, 저를 구원해 주세요. 제 기도를 꼭 들어주세요. 저의 모든 죄를 용서해 주세요."

페베는 엄마 품에 안겨 큰 소리로 울었습니다. 아무리 어르고 달래도 울음을 그치지 않았습니다. 그렇게 한참 동안 울던 페베가 말했습니다.

"엄마, 천국이 내게 오고 있어요."

아이의 변화된 모습에 부모가 자신들의 신앙을 돌아보기 시작했습니다. 이렇게 영적 대각성운동은 마을 전체로 확산되었습니다.

부활한 청교도, 미국 독립의 구심점이 되다

부흥운동을 둘러싸고 찬반 논쟁이 일어났습니다. 장로교회는 성령체험을 강조하는 신파(New Side)와 교리를 중시하는 구파(Old Side)로 나뉘었습니다. 회중교회도 부흥회 찬성파인 뉴라이트(New Light)와 반대파인 올드라이트(Old Light)로 나뉘었습니다. 침례교회에서는 부흥운동을 지지하는 분리침례교회가 정규침례교회에서 독립했습니다.

대각성 운동은 지역적 종교 활동을 벗어나 최초의 범식민지적 사건으로 발전했습니다. 순회 전도자들은 식민지 간 경계를 넘어 활발히 활동했으며, 평신도 중심의 집회는 성직자의 권위를 약화시키고 개인의 신앙 체험을 강조했습니다. 뉴잉글랜드, 중부, 남부 식민지에서 일어난 부흥회는 성령 역사의 체험을 공유함으로써 지역 간 유대를 강화했습니다. 이는 식민지 주민들에게 '하나님의 선택받은 민족'이라는 의식을 심어주어 미국 독립혁명의 정신적 기반이 되었습니다.

제2차 영적 대각성운동: 피니의 성화운동, 사회 개혁의 불꽃으로

찰스 피니의 영적 각성은 매우 극적인 방식으로 이루어졌습니다. 법률가였던 그는 1821년 어느 날, 강력한 성령의 임재를 체험했습니다. 그는 법정에서 "네가 진정으로 변호해야 할 의뢰인은 누구인가?"라는 강한 의구심에 휩싸였습니다. 그날 밤, 그는 파도가 온 존재를 덮치는 것 같은 하나님의 감당할 수 없는 사랑에 밤새도록 울며 통회했습니다. 말로 표현할 수 없는 하나님의 사랑을 경험한 그는 변호사의 길을 접고 복음 전도자의 길을 택했습니다.

피니는 현세에서 완전 성화에 도달할 수 있다고 믿었습니다. 그는 신자들에게 성령의 도움으로 지속적으로 성화될 수 있다고 가르쳤습니다. 그에게 있어서 완전 성화란 도덕적으로 하나님처럼 완전함을 의미합니다. 그는 노예해방 운동에 앞장섰습니다. 그러나 농장주들에게 노예해방은 상상할 수도 없는 일이었습니다. 노예제를 둘러싼 갈등은 결국 남북전쟁의 씨앗이 되었습니다.

제2차 영적 대각성운동은 성령 체험을 통한 개인의 영적 각성을 강조하면서도, 그것이 사회 개혁으로 이어져야 한다는 점을 분명히 했습니다. 이는 기독교 신앙이 개인의 내적 변화에 그치지 않고 사회 전체를 새롭게 해야 한다는 인식을 확산시켰습니다. 결과적으로 이 운동은 미국 사회의 도덕적, 영적 갱신뿐만 아니라 노예제 폐지와 같은 중요한 사회 개혁의 토대를 마련하는 데 기여했습니다.

《전도 집회》 | 설교단 아래 한 여자가 기절을 했고, 가운데 한 남자와 두 여자가 만세를 부르고 있습니다. 오른쪽의 남자는 책상을 치며 통곡하고 있습니다. 참석자들은 놀란 표정입니다. 반면, 왼쪽에 한 남자가 이 광경을 의심스럽게 지켜보고 있습니다. 미국 의회 도서관.

제3차 영적 대각성운동: 구두방에서 시작된 불길, 세계 선교의 횃불로

1855년 보스턴의 한 구두방에서 일하던 18살의 무디는 신앙생활이 매우 형식적이었습니다.

"나는 교회에 가는 것이 의무라고만 생각했습니다. 설교 시간에는 주로 졸았고, 찬송가를 부를 때도 입만 움직였습니다. 하나님은 그저 멀리 계신 심판자로만 여겨졌습니다."

무디를 안타깝게 지켜보고 있던 주일학교 교사 에드워드 킴볼이 그를 찾아갔습니다.

"젊은이, 당신에게는 그리스도의 사랑이 필요합니다."

이 한 마디가 무디의 인생을 완전히 바꾸어 놓았습니다.

"킴볼 선생님의 말씀을 통해 하나님의 사랑이 내 마음에 밀려왔습니다. 거리를 걸으며 '나는 새사람이 되었다!'고 외치지 않을 수 없었습니다. 보스턴의 거리가 전에 없이 아름답게 보였고, 처음으로 하나님을 두려운 심판자가 아닌, 사랑이 많으신 아버지로 느낄 수 있었습니다."

무디의 회심은 즉각적인 헌신과 선교로 이어졌습니다. 기독교 대학들이 자유주의 신학의 영향으로 급격히 세속화될 때, 무디는 성서학원을 설립해 근본주의적 성서 교육과 선교사 양성에 매진했습니다. 그의 영향을 받은 선교사들은 후일 한국 교회의 영적 기반을 마련하는 데 크게 기여했습니다.

마운트 허먼 컨퍼런스 | 1886년 매사추세츠주 노스필드의 마운트 허먼 스쿨에서 드와이트 L. 무디의 리더십 하에 251명의 학생이 한 달 동안 컨퍼런스를 진행했습니다. 이것이 1888년 학생자원운동(SVM)으로 발전하였고, 이후 2만여명의 선교사를 배출했습니다.

<도표 5> 영적 대각성운동의 전개

시기	주요 인물	강조점	영적 특징
제1차 각성(1730-1770)	조나단 에드워즈	회심	청교도 신앙의 부활
제2차 각성(1795-1835)	찰스 피니	완전 성화	사회 개혁 운동
제3차 각성(1850-1890)	D.L: 무디	헌신/선교	세계 선교 운동

이처럼 제3차 종교개혁은 미국 내 영적 갱신 운동에 그치지 않고 세계 선교의 새로운 장을 열었습니다. 특히 한국 교회가 신령한 교회로 성장하는 데 있어 무디의 영향을 받은 선교사들의 공헌은 매우 컸습니다. 이들을 통해 전수된 성서 중심의 신앙과 부흥의 열정은 한국 교회의 영적 토대가 되었습니다. 이는 궁극적으로 독생녀 출현을 위한 세계적 영적 기반을 넓히는 데 기여했습니다.

3.5 은사와 시련으로 거듭난 한국 기독교

한국 기독교의 역사에는 하나의 수수께끼가 있습니다. 어떻게 선교 역사 불과 몇 십년 만에 한국 교회가 세계가 주목하는 신령한 교회로 성장할 수 있었을까요? 게다가 그 성장은 일제의 가혹한 탄압과 신사참배 강요, 해방 후의 극심한 혼란 등 최

악의 조건 속에서 이루어졌습니다. 더욱 놀라운 것은 한국 교회가 겪은 이 모든 시련이 마치 설계된 것처럼 정확히 예수님 시대의 패턴을 따르고 있다는 점입니다. 신사참배를 둘러싼 교계의 분열은 예수님 당시 유대교의 4분파와 놀라운 일치를 보입니다. 이것이 단순한 우연의 일치일까요? 이러한 섭리적 동시성의 비밀을 풀어보면, 한국 기독교의 고난에 담긴 깊은 의미가 드러납니다.

신령한 한국 교회

한국 교회는 서구 선교사들을 통해 전해진 신앙 전통과 한민족 고유의 신령한 정서가 조화를 이룬 독특한 특성을 보입니다. 이는 하늘부모님께서 독생녀 출현을 위한 영적 기반을 준비하신 섭리적 과정이었습니다.

19세기 말, 한국에 온 서구 선교사들의 대부분은 미국의 영적 대각성운동의 영향을 받은 이들이었습니다. 이들은 성서의 문자적 해석을 중시하는 근본주의자들이었습니다. 이들은 예수님의 재림과 천년왕국의 도래를 확신했습니다. 일제의 압제 아래 고통받던 한국 기독교인들에게 종말론적 신앙은 큰 위로와 희망이 되었습니다.

한국 장로교는 보수적인 근본주의 신앙을 바탕으로 하면서도 신령한 체험을 중시했습니다. 평양장로회신학교는 '신령한 목사'를 양성하는 것을 교육목표로 삼았습니다. 『조직신학』 교재는 개혁신학의 예정론을 수용하면서도 성령의 다양한 은사와 열매를 강조했습니다. 이는 이들이 교리적 순수성과 영적 체험의 조화를 추구했음을 보여줍니다.

감리교와 성결교는 더욱 적극적으로 성령체험을 강조했습니다. 이러한 교파들의 영향으로 한국의 부흥회는 성령의 역사가 두드러지는 특색을 갖게 되었습니다. 이와 같은 한국 교회의 신령한 신앙 전통은 독생녀 출현을 위한 영적 토대가 되었습니다.

평양, 동양의 예루살렘이 되다

평양 대부흥운동은 한국 기독교의 정체성을 형성하고 민족운동의 정신적 기반을 마련한 사건이었습니다. 이 부흥의 불길은 1903년 원산의 작은 불씨로부터 시작되었습니다. 캐나다 선교사 로버트 하디는 조선 기독교의 더딘 성장에 비판적이었습니다. 그는 조선 교회에 영적 각성이 절실한 것을 절감하고 있었습니다. 하지만, 뜻밖에도 성령의 강력한 역사는 먼저 그의 마음을 찔렀습니다.

하디는 자신의 영적 교만을 깨달았습니다. 그리고 용기를 내어 조선인 신도들 앞에 섰습니다.

"제가 잘못했습니다. 제가 교만했던 것을 회개합니다."

선교사의 떨리는 목소리로 시작된 고백은 모든 이의 마음을 울렸습니다. 그의 진심 어린 자기반성과 회개를 지켜본 신도들의 마음에 성령의 불이 옮겨붙었습니다. 하나 둘 자신들의 죄를 고백하기 시작했습니다. 이 작은 회개의 불씨는 걷잡을 수 없이 번져나가 마침내 평양 대부흥운동이라는 거대한 불길이 되었습니다.

평양 대부흥운동의 결정적 계기는 1907년 1월 장대현교회에서 있었던 사경회였습니다. 죄에 대한 설교를 하던 길선주 목사가 갑자기 자신의 죄를 자복하고 통회하였습니다. 이에 한 장로가 용기를 내어 자신의 죄를 고백하자 신도들이 연이어 작은 잘못까지 회개하기 시작했습니다. '한국의 오순절'이라고 불리는 이 회개운동이 순식간에 평양 전체로 퍼져 나갔습니다. 평양이 '동양의 예루살렘'이라 불릴 만큼 신령한 도성이 되었습니다.

우리나라에 개신교가 전래된 것이 1886년이니까, 평양 대부흥운동 당시 교회의 역사가 대단히 짧았습니다. 그럼에도 불구하고 한국 교회는 이 운동을 통해 순수하고 신령한 모습으로 거듭날 수 있었습니다.

기독교 신앙이 독립운동으로

평양 대부흥운동으로 고양된 영적 각성과 민족의식은 1919
년 3·1독립만세운동의 정신적 기반이 되었습니다. 민족대표
33인 중 16명이 기독교인이었고, 체포된 인원 중 기독교인 비
율이 18%였습니다. 특히 여성 피검자의 65%가 기독교인이었
습니다. 이러한 사실은 한국 기독교가 지닌 순수한 신앙과 민
족의식의 결합을 잘 보여줍니다.

3·1운동의 영향으로 대한민국 임시정부가 수립되었습니다.
이는 한국 최초의 민주정부였습니다. 임시정부에서 장로교 출
신 인사들이 주도적 역할을 했습니다. 이것은, 그들이 교회 헌
법을 통해 익힌 민주적 원리를 정치 제도에 구현했기 때문입니
다.

신사참배 앞의 4갈래 길

3·1운동 이후 일제는 문화통치를 표방하며 민족을 분열시켰
습니다. 특히 독립운동에 앞장섰던 기독교의 기를 꺾기 위해
신사참배를 강요했습니다. 이는 예수님 당시 로마가 황제숭배
를 강요했던 것과 유사한 시험이었습니다. 신사참배를 둘러싸

고 한국 개신교는 4개 그룹으로 분화되었습니다. 이는 예수님 당시 유대교가 4개 분파로 나뉘어 있었던 것과 같습니다.

부일협력파는 사두개파처럼 일제 정책에 적극 협력하며 전쟁 협력까지 나섰습니다. 대부분의 기성교단으로 구성된 신사참배파는 바리새파와 같이 신앙의 본질을 저버리고 신사참배에 굴복했습니다. 반면 주기철 목사와 손양원 목사로 대표되는 신사참배 거부파는 신앙의 순수성을 지키며 영적으로 투쟁했습니다. 이들은 열심당과 같이 투옥과 순교의 길을 갔습니다. 신령집단은 신사참배를 피해 산이나 들로 흩어졌습니다. 이들은 에세네파와 같이 은둔하여 계시에 따라 남다른 정성을 드리면서 메시아의 재림을 준비했습니다. 이들은 영적 순수성을 지키면서 독생녀 출현을 위한 기반을 마련했습니다.

평양신사참배하는 장로회총회대표단 | 1938년 9월 12일, 조선일보. 공공누리.

시련이 남긴 영적 순금, 신령집단

일제의 탄압과 이에 따른 교계의 분열은 깊은 영적 의미를 내포하고 있습니다. 특히 여신인 천조대신에 대한 참배 강요는 독생녀의 탄생을 저지하려는 사탄의 역사였습니다. 이는 초대 교회 시대에 로마 황제가 자신을 태양신의 현신으로 숭배하도록 강요했던 것과 같은 맥락입니다.

복귀섭리의 관점에서 교회의 분열은 가인형과 아벨형의 분립으로 볼 수 있습니다. 가인형이 현실적 타협을 통해 교회의 외형적 존속을 추구했다면, 아벨형은 신앙의 순수성과 영적 가치를 지켰습니다. 특히 신령집단은 환란 속에서도 계시를 믿고 재림주님을 맞기 위한 실질적인 준비를 했습니다.

신사참배는 하늘부모님의 섭리 안에서 더 높은 영적 기준을 세우기 위한 시험이었습니다. 이는 궁극적으로 독생녀 강림을 위한 영적 분별의 과정이었습니다.

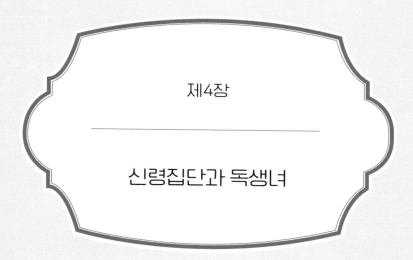

제4장

신령집단과 독생녀

제4장

신령집단과 독생녀

하늘부모님의 섭리 역사에서 독생자의 탄생만큼이나 중요한 순간은 언제일까요? 그것은 바로 독생녀의 탄생입니다. 그런데 이 사건은 갑자기 일어나는 것이 아닙니다. 마치 독생자 예수님의 탄생을 위해 4천년의 준비 섭리가 필요했던 것처럼, 하늘부모님은 2천년 동안 심혈을 기울여 독생녀의 출현을 준비하셨습니다. 초대교회의 동정 순교자들에게는 순결한 신앙을 맡기시고, 중세의 여성 신비주의자들에게는 신부의 영성을 심어주셨으며, 근대의 종교개혁가들에게는 분별된 진리로 토대를 마련하게 하셨습니다. 그리고 마침내 한국의 신령집단에서 그 결실을 맺게 하셨습니다. 그렇다면 이 긴 여정의 각 단계는 어떻게 서로 연결될까요?

4.1 기독교 2천년의 영적 유산, 한국에서 꽃피다

강물은 수많은 지류를 받아들이며 더욱 깊어지고 넓어져 마침내 바다에 이릅니다. 기독교의 영성도 이와 같은 여정을 거쳐왔습니다. 초대교회의 순수한 신앙에서 시작된 영적 흐름이 중세 신비주의의 깊이를 더하고, 종교개혁과 성령운동의 역동성을 받아들이며 흘러왔습니다. 그런데 왜 이 영적 흐름이 하필 한국의 신령집단에서 절정을 이루어야 했을까요? 이 흐름을 따라가다 보면, 독생녀 출현이라는 놀라운 섭리의 비밀이 드러납니다.

순결한 신앙에서 신부의 영성으로

인류 구원을 위한 신부의 영성은 기독교 역사를 통해 점진적으로 발전해왔습니다. 초대교회의 순교자들은 순결한 신앙으로 그 기초를 놓았습니다. 특히 알렉산드리아의 카타리나와 같은 여성 순교자들은 '내 신랑은 그리스도'라며 죽음도 두려워하지 않는 절대적 신앙을 보여주었습니다. 이들의 순교는 신랑되신 주님을 향한 변치 않는 사랑의 표현이었습니다.

중세의 여성 신비가들은 아가서를 모티프로 신부의 영성을 발전시켰습니다. 마그데부르크의 메히틸트는 영혼이 그리스도와 사랑의 친밀함으로 나아가는 여정을 설명했습니다. 노리치의 줄리안은 하나님의 사랑을 모성적 이미지로 묘사했습니다. 제노바의 카타리나는 그리스도와의 신비적 합일과 사랑의 승화를 강조했습니다.

성령운동으로 분별된 교회

신부 영성의 발전은 교회의 분립과도 관계가 있습니다. 16세기 제1차 종교개혁으로 가톨릭에서 루터교, 성공회, 개혁교회, 장로교 등의 개신교가 분립했습니다. 이는 신앙의 자유를 보장하는 중요한 전환점이 되었습니다. 17세기 제2차 종교개혁에서는 형식적인 신앙이 아닌 살아있는 영성을 추구하는 움직임이 일어났습니다. 청교도들이 성공회에 반발하여 장로교, 회중교회, 침례교회 등으로 분립했습니다. 스페너의 경건주의 운동으로 루터교에서 모라비아 교회가 분립했고, 웨슬리의 메소디스트 운동으로 성공회에서 감리교가 분립했습니다. 19세기 제3차 종교개혁에서는 영적 대각성운동을 계기로 성령운동이 확산되어 각 교단에서 성령운동 찬성파 교회들이 분립되었습니다.

20세기에 들어서면서 영적 대각성운동은 더욱 다양하고 풍성한 모습으로 발전했습니다. 개혁주의 성령운동은 성령의 주권과 교회의 갱신을, 웨슬리안 성결운동은 신앙인의 성결과 거룩함을, 오순절운동은 성령의 초자연적 은사와 능력을 추구했습니다. 이들은 모두 성령세례를 강조했으며, 초교파적 성격을 지니고 평신도 사역자가 중심적인 역할을 했습니다.

신령집단에서 새롭게 피어난 실체적 재림신앙

한국 기독교는 서구 선교사들로부터 종말론적 믿음을 전해 받았습니다. 특히 무디의 영향을 받은 언더우드, 아펜젤러, 하디, 게일, 모펫, 베어드와 같은 선교사들은 성서 중심의 근본주의적 신앙과 재림에 대한 강한 신념을 전해주었습니다. 재림신앙은 일제의 압제 아래 고통받던 조선 기독교인들에게 임박한 재림에 대한 절실한 소망으로 발전했습니다. 1907년 평양 대부흥운동은 이러한 신앙적 특성이 극적으로 표출된 사건이었습니다.

한국의 신령집단은 재림신앙을 실체적 차원으로 승화시켰습니다. 이들은 재림주가 구름 타고 오시는 것이 아니라 육신으로 오신다고 믿었습니다. 그리고 그분을 맞이하기 위해 구체적으로 준비했습니다. 이는 서구에서 전해진 재림신앙이 한국의 심정문화와 진리 숭상의 정신과 만나 새로운 차원으로 발전한 것입니다. 이는 독생녀 출현을 위한 직접적인 기반이 되었습니다.

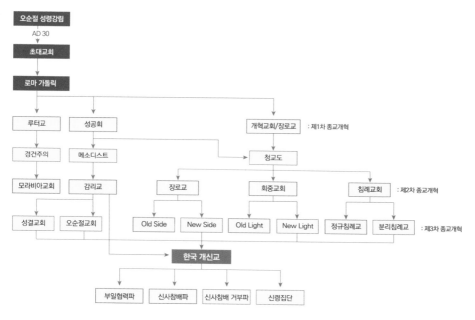

〈도표 6〉 기독교회의 분화

* 이 도표는 교회의 분화를 보여주며, 성령이 참된 교회를 찾아 끊임없이 개혁을 이끌어온 과정을 나타냅니다. 각 시대의 개혁을 통해 형성된 영성과 진리의 전통, 특히 신파의 부흥 중심적 특성은 한국 기독교의 신령한 토양이 되었습니다. 이러한 영적 기반은 하늘부모님께서 독생녀를 맞이할 신령과 진리의 교회를 준비하신 섭리적 과정이었음을 시사합니다.

4.2 한국 신비주의의 정금: 이용도 목사

아가서는 참 신비로운 책입니다. 한낱 신랑과 신부의 사랑 이야기가 어떻게 독생녀의 출현을 예시할 수 있었을까요? 이 비밀은 19세기 말, 한 줄기의 영적 맥을 따라 미국에서 한국으로 이어졌습니다. 그 영적 계보를 따라가다 보면 하늘부모님이 독생녀의 출현을 2천년 동안 어떻게 준비하셨는지, 그 놀라운 섭리가 드러납니다.

동방으로 흐른 성령의 강물

성결운동이 무디성서학원에서 시작해 일본을 거쳐 한국으로 이어졌습니다. 이는 카우만, 사사오 데쓰사부로, 이명직, 이용도로 이어지는 계보를 형성했습니다. 1901년, 무디성서학원 출신인 길보른, 카우만, 나카다와 함께 사사오가 일본에 동양선교회를 설립했습니다. 사사오는 미국 유학 중 무디 선교대회에서 성령을 체험한 후 불교에서 기독교로 개종했습니다. 그는 1905년 동양선교회가 설립한 도쿄성서학원의 원장이 되었습니다. 이명직은 이 학원에서 수학한 후 1916년 경성성서학원의 교수가 되어 한국에서 성결운동을 이어갔습니다.

이용도의 예수 사랑: 한국적 신부 신비주의의 탄생

주목할 점은 성결운동이 이용도 목사를 통해 한국적 신부 신비주의로 발전했다는 사실입니다. 이용도 목사는 사사오와 이명직의 『아가서강의』에서 큰 은혜와 영감을 받았고 이를 독창적으로 해석했습니다.

사사오와 이명직은 아가서를 경건주의적 관점에서 해석했습니다. 즉 신랑을 그리스도로, 신부를 '완전한 성결을 이룬 참된 교회'로 해석했습니다. 반면, 이용도 목사는 이를 개인적이고 신비적인 차원으로 발전시켰습니다. 그는 신부를 그리스도와 직접적으로 결합하는 '완전한 사랑을 이룬 개인'으로 해석했습니다. 그는 부흥회에서 주님과의 친밀한 관계를 강조했습니다.

이용도 목사의 설교는 일제 강점기라는 시대적 상황에서 특별한 의미를 가졌습니다. 그의 가르침은 고난받는 한국 기독교인들에게 깊은 위로가 되었을 뿐만 아니라, 한국 기독교의 신비주의적 성향을 한층 더 심화시켰습니다.

이처럼 미국의 성결운동에서 시작된 신부의 영성은 한국에서 심정적인 신부 신비주의로 발전했습니다. 이러한 영적 기반 위에서 1930년대 한국에는 다양한 신령집단이 출현했습니다.

4.3 가장 어두운 곳에서 가장 밝은 불꽃으로: 신령집단

1930년대 한민족은 역사상 가장 어두운 시기를 지나고 있었습니다. 일제의 정치적 탄압과 경제적 수탈이 극에 달했습니다. 민족의 정신과 문화는 말살 위기에 처했습니다. 바로 이

때, 전국 곳곳에서 폭발적인 신령운동이 시작되었습니다. 누가, 왜, 이토록 험난한 시기에 새로운 영적 운동을 일으켰을까요? 흥미로운 것은 이 운동들이 마치 하나의 퍼즐 조각처럼 서로 맞물려 있다는 점입니다.

신령과 진리로 하나된 운동

신령집단은 크게 원산 신학산파와 평양 이용도파의 남성 신령집단이 있었고, 철산 새주파의 여성 신령집단으로 나뉘어 있었습니다. 남성 신령집단은 계시와 진리의 조화를 추구하며 신령운동을 전개했습니다. 원산의 백남주는 계시를 기반으로 『새생명의 길』을 저술하며 새로운 진리를 밝혔습니다. 이용도는 아가서의 신부 신비주의에 깊이 심취하여 예수님과의 완전한 사랑을 추구했습니다. 그는 전국을 순회하며 신령한 말씀으로 신비주의적 부흥의 바람을 일으켰습니다. 한편, 김백문은 다양한 신령집단의 영적 체험을 집대성하여 『성신신학』으로 체계화했습니다.

철산과 평양을 중심으로 한 여성 신령집단은 독생녀를 위한 직접적인 영적 기반을 조성했습니다. 철산의 김성도 부인은 성서의 비밀을 밝히는 특별한 계시를 받아 '새주님'으로 불렸습니다. 그녀는 원죄의 뿌리가 음란이며, 예수님의 십자가 죽음으로는 원죄를 청산할 수 없었다는 계시를 받았습니다. 또 재림주님은 구름 타고 오시는 것이 아니라 여인의 몸을 통해 오시며, 참된 결혼을 통해 새로운 혈통을 세우려고 오신다는 등의 계시를 받았습니다. 이는 후일 성주교로 발전했습니다.

김성도 부인 사후, 허호빈 부인은 예수님을 상상임신하는 입신 체험을 통해 평양에서 복중교를 이끌었습니다. 그녀는 예수님으로부터 직접 교시를 받아 성서에 기록되지 않은 예수님의 한스러운 생애를 알게 되었습니다. 이를 해원하기 위해 예수님과 신부가 평생 입으실 옷을 준비하고 하루 7,000배의 경배를 올리는 등 지극한 정성을 다했습니다. 이들은 이처럼 구체적이고 실제적인 준비를 통해 메시아 재강림을 위한 영적 기반을 마련했습니다.

순교로 이어진 영성의 길

이러한 신령집단의 영적 전통은 홍순애 대모님에게로 이어졌습니다. 참어머님은 이에 대해 다음과 같이 말씀하셨습니다.

"새 예수교, 김성도, 허호빈을 중심한 운동이 대표적이었습니다. 기독교인들은 구름을 타고 오는 재림 메시아를 기다렸지만, 이들은 육신을 쓰고 오는 메시아를 기다렸습니다. 그리고 준비했습니다. 거기에 이름이 있었던 이호빈 목사의 주례로 내가 탄생되어진 역사가 있습니다."[3]

---

3) 참어머님 말씀(2014년 7월 1일, 천정궁 훈독회).

김성도 부인과 허호빈 부인은 일제 강점기라는 극한의 시련 속에서도 신부의 영성과 순교의 전통을 이어갔습니다. 김성도 부인은 1944년, "일본은 망하고, 한국은 새 주님을 중심으로 세계 1등국이 된다"는 말씀을 전하다 투옥되었습니다. 그녀는 출감 3개월 만에 고문후유증으로 순교하였습니다. 허호빈 부인은 예수님을 해원해 드리기 위해 온갖 정성을 다했습니다. 그녀는 공산 정권의 탄압에도 평양이 에덴궁이 된다는 믿음을 지키며 남하하지 않다가 한국 전쟁 직후 총살당했습니다.

마침내 맺은 2천년 영성의 결실

하늘부모님은 독생녀를 보내시기 위해 기독교 2천년 역사를 통해 섭리를 전개하셨습니다. 이 영적 계대는 초대교회의 순교자들로부터 중세의 여성 신비주의자들을 거쳐 한국의 신령집단으로 이어졌습니다.

한국의 신령집단은 재림주님과 신부를 맞기 위해 구체적으로 준비했습니다. 이런 점에서 가장 높은 영적 기준을 세웠습니다. 이러한 신령집단의 영적 전통은 홍순애 대모님에게 승계되었습니다. 대모님은 이들의 재림주 대망신앙과 순교적 영성을 계승하여 독생녀를 위한 영적 기반을 완성하셨습니다. 이는 2천년 동안 이어온 신부의 영성이 마침내 결실을 맺는 섭리적 과정이었습니다.

4.4 홍순애 대모님의 상상을 초월한 정성

한국 기독교 역사에서 가장 미스터리한 인물 중 한 명이 있습니다. 홍순애 대모님은 이용도 목사의 아가서 강의를 듣고 평생 재림주 대망신앙에 헌신하셨습니다. 그러나 대부분의 역사가들은 대모님의 존재를 간과했습니다. 이 한 여인의 신앙과 정성이 독생녀의 탄생과 어떤 관련이 있었을까요?

19세 처녀의 가슴을 울린 아가서의 메시지

홍순애 대모님은 19세이던 1932년 동안주 장로교회에서 인생의 전환점이 될 영적 체험을 하셨습니다. 이용도 목사의 부흥회에 참석하여 아가서 강의를 들은 순간이었습니다. 대모님은 신랑되신 주님을 향한 신부의 사랑이 무엇인지 깊이 깨달았습니다. 특히 재림이 임박했으며 재림주님께서 완전한 신부를 찾고 계시다는 말씀은 대모님의 영혼을 뜨겁게 달궜습니다. 대모님은 가만히 있을 수 없었습니다. 마침 안주를 지나던 황국주의 새예루살렘 순례단에 합류하여 100일간 도보 전도를 하셨습니다. 이 여정에서 대모님은 큰 은혜를 받았습니다. 이는 후일 독생녀를 맞이할 영적 기반을 준비하는 첫걸음이 되었습니다.

예수교회에서 맺어진 하늘과의 깊은 인연

이용도 목사의 신비주의적 부흥역사를 둘러싸고 한국 교회에서 논란이 일었습니다. 기성교회는 이용도 목사를 '이단', '사이비'라고 비난했습니다. 이용도 목사는 교회의 세속화를 지적했습니다. 결국 이용도 목사와 그의 추종자들은 교회에서 축출되었습니다. 이들은 예수교회를 창립하여 새로운 길을 개척했습니다.

당시 예수교회에는 신성한 결혼을 통해 성자를 출산한다는 특별한 계시가 있었습니다. 예수교회의 핵심 멤버인 한준명, 박승걸, 백남주 등이 하늘이 점지한 여성들과 결혼했습니다. 특히 신령한 여성들은 자신들의 사명이 재림주님과 신부를 모시고 어린 양 혼인잔치를 준비하는 것이라 믿었습니다.

홍순애 대모님은 전도 여행을 마치고 안주로 돌아온 후부터 예수교회에 다니기 시작하셨습니다. 1934년 3월 선도감 이호빈 목사의 주례로 교회의 간부이자 교사인 한승운 대부님과 결혼하셨습니다. 이호빈 목사는 둘이 합하여 아기를 낳으면 오시는 주님을 낳는다는 계시를 받았습니다.

성서와 신앙의 오묘에 눈뜨다

홍순애 대모님은 모친인 조원모 할머니의 인도로 예수교회를 떠나 성주교에서 신앙을 이어가게 되었습니다. 조원모 할머니는 이전부터 철산의 신령인들과 교제하며 재림주님께서 육신을 쓰시고 오신다는 것을 알고 계셨습니다. 홍순애 대모님은 성주교에서 성서의 깊은 진리를 깨우치셨습니다. 성주교에서는 인간이 지닌 타락의 음란죄와 예수님을 십자가에 못 박은 살인죄를 회개하며, 죄를 씻는 신앙생활을 강조했습니다. 대모님도 "예수님이 나 때문에 죽으셨다"는 생각에 모든 잘못된 행실은 물론, 어릴 적 소꿉놀이를 하며 친구와 다툰 일까지도 철저히 회개하셨습니다.

홍순애 대모님은 복중교에서 예수님의 더욱 깊은 한과 사정을 깨달으셨습니다. 예수님은 배냇저고리 하나 없이 마구간에서 태어나셨습니다. 가정에서는 멸시와 천대를 받으셨습니다. 먹을 것과 입을 것도 제대로 갖추지 못한 채 고난의 생애를 사셨습니다. 대모님은 이 사실을 떠올리며 대성통곡하셨습니다. 복중교 신자들은 예수님의 한을 달래 드리기 위해 모든 가산을 팔았습니다. 그리고 재림주님과 신부가 일생 동안 3일에 한 번씩 갈아입을 옷을 준비했습니다. 예수님께 드릴 음식을 정성껏 차려 잔치를 열었습니다. 수천 배 경배를 올리며 예수님의 한을 위로하고자 최선을 다했습니다.

드디어 신부 신비체험을 하다

이러한 정성의 과정에서 홍순애 대모님은 매우 특별한 영적 체험을 하셨습니다. 꿈에서 아무도 들어갈 수 없다는 거룩한 방에 들어가 재림주님을 뵙게 된 것입니다. 대모님은 새색시의 모습이었습니다. 주님께서 "내가 너 하나 찾으려 이와 같이 공부를 한다"며 격려해 주셨습니다. 대모님은 너무나 황공하여 그분의 손을 잡고 울다가 깨어났습니다.[4]

대모님이 재림주의 강림을 신비가 아닌 실체적 사건으로 이해한 것은 매우 의미심장합니다. 당시 대부분의 기독교인들이 구름을 타고 오시는 재림주를 기다렸습니다. 이와 달리, 대모님은 재림주가 육신을 입고 오실 것이라는 현실적이고 본질적인 진리를 깨닫고 계셨습니다. 이러한 신앙과 정성은 마침내 독생녀 강림의 직접적인 터전이 되었습니다.

홍순애 대모님

4) 역사편찬위원회, 『증언 제3집』(서울: 성화사, 1986), 174.

4.5 독생녀의 탄생과 하늘의 보호

사탄은 언제나 섭리적 중심인물의 탄생과 성장을 위협해 왔습니다. 모세는 태어나자마자 파라오의 영아 살해 명령을 피해 갈대 상자에 숨겨져야 했습니다. 예수님 또한 헤롯 왕의 박해를 피해 이집트로 피신해야 했습니다. 1943년 한반도는 일제의 압제가 극에 달한 가운데, 해방과 분단, 그리고 한국전쟁이라는 격변기를 맞았습니다. 이러한 커다란 위험 속에서 하늘은 어떻게 독생녀를 보호하셨을까요?

예수님과 독생녀 탄생의 섭리적 동시성

하늘부모님의 섭리 속에서 독생녀의 탄생은 매우 특별한 의미를 지닙니다. 특히 독생자 예수님과 독생녀 참어머님의 생애는 놀라운 동시성을 보입니다. 이는 하늘부모님의 구원섭리가 일관된 원리 속에서 전개되고 있음을 보여줍니다.

예수님은 로마 제국의 압제 아래 있던 유대 속주에서 태어나셨습니다. 이와 마찬가지로, 한학자 참어머님은 1943년 음력 1월 6일, 한반도가 일제 강점기의 극심한 억압 속에 놓여 있던 시기에 탄생하셨습니다. 아우구스투스 황제의 자기 신격화가 유대인들의 신앙을 위협했듯이, 일제의 신사참배 강요는 한국 기독교인들의 신앙을 근본적으로 위협했습니다. 예수님은 헤

《**영아 학살**》 **귀도 레니** | 헤롯은 동방 박사들이 돌아오지 않자 그들에게 속았다는 사실을 알고 크게 분노하였습니다. 이에 그는 사람을 보내어 베들레헴과 그 주변 지역에 있는 두 살 이하의 사내아이들을 모두 죽이도록 명령하였습니다(마 2:16).

롯 왕의 영아 살해를 피해 이집트로 피신해야 했습니다. 참어머님도 6살 때 북한 정권의 탄압을 피해 남쪽으로 피신해야 했습니다.

독생녀를 해하려는 사탄의 끈질긴 위협

탄생 직후부터 독생녀의 생명은 심각한 위협에 직면했습니다. 홍순애 대모님은 산후 6년 동안 '아이를 죽이라'는 사탄의 위협에 시달렸습니다. 하지만, 대모님은 한 순간도 믿음을 잃지 않고 참어머님을 지키셨습니다.

참어머님이 북한 정권의 위협에서 벗어나자, 이번에는 한국 전쟁이라는 더 큰 시련이 찾아왔습니다. 전쟁 발발 3일째인 1950년 6월 28일 밤 1시, 북한군이 미아리고개를 넘어 서울로 밀고 들어왔습니다. 탱크 소리와 함께 포성이 어두운 하늘에 크게 울려 퍼졌습니다. 새벽 3시, 어리신 참어머님은 가족과 함께 목숨을 걸고 서울을 탈출하셨습니다. 그 과정에서 한강 다리가 폭파되어 700여 명의 무고한 시민들이 목숨을 잃었습니다. 이와 같은 비극 속에서도 참어머님은 기적적으로 무사히 피신하실 수 있었습니다.

이 모든 과정은 하늘부모님의 특별한 가호 아래 이루어졌습니다. 이는 독생녀가 성장하여 스스로 책임분담을 감당할 수 있을 때까지 보호하고 양육하는 것이 하늘부모님의 책임이었기 때문입니다.

한강 철교와 인도교 폭파 | 미국 공군이 폭탄을 투하하여 한강 철교를 폭파하는 장면입니다. 오른쪽에는 국군에 의해 이미 파괴된 인도교가 보입니다.

독생녀를 증거하는 하늘의 계시

예수님은 12살 때 예루살렘 성전에서 종교 지도자들과 대화를 나누며 자신의 신성과 사명을 처음으로 드러내셨습니다. 이와 유사하게, 참어머님의 생애에도 독생녀로서의 위상과 사명이 단계적으로 확증되는 순간들이 있었습니다.

6살 때, 복중교의 허호빈 부인이 감옥에 갇혀 있을 때입니다.

복중교를 이끌던 그녀의 어머니가 참어머님을 '하늘의 신부가 되실 분'이라고 축복했습니다. 이는 김성도로부터 허호빈으로 이어진 영적 계보가 참어머님에게 승계되는 순간이었습니다. 독생녀로서의 위상이 영적으로 확증되는 사건이었습니다.

참어머님은 13살 때 참아버님과 처음으로 만나셨습니다. 참아버님은 "한학자라는 이렇게 훌륭한 여성을 한국에 보내주셨군요"라며 감사의 기도를 올리셨고, "한학자, 앞으로 희생해야지!"라며 참어머님의 독생녀로서의 사명을 예언적으로 말씀하셨습니다.

이러한 독생자와 독생녀의 생애에 나타난 동시성은 결코 우연이 아닙니다. 이는 하늘부모님의 구원섭리가 일관된 원리 속에서 전개되고 있으며, 독생녀의 출현이 오랜 섭리적 준비와 보호 속에 이루어졌음을 보여줍니다.

4.6 신부 중의 신부: 독생녀

왜 하늘은 독생자와 독생녀를 동시에 보내지 않고 2천년의 간격을 두셨을까요? 이는 단순한 시기의 문제가 아닙니다. 초대교회의 동정 순교자들, 중세의 여성 신비주의자들, 근대의 영성운동가들, 그리고 한국의 신령집단으로 이어지는 긴 영적 계보는 독생녀를 맞이하기 위한 정교한 준비 과정이었습니다. 하늘은 왜 이토록 긴 준비 기간이 필요했을까요?

독생녀는 특등 신부

요한계시록의 예언은 독생녀 현현의 기반이 될 영적 조건을 암시하고 있습니다.

"어린 양의 혼인 기약이 이르렀고 그의 아내가 자신을 준비하였으므로 그에게 빛나고 깨끗한 세마포 옷을 입도록 허락하셨으니 이 세마포 옷은 성도들의 옳은 행실이로다"(계 19:7-8)

여기서 '아내'는 독생녀를 의미합니다. '세마포 옷'은 성도들의 신앙적 순결성과 헌신을 의미합니다. 즉 성서는 독생녀가 가장 순수하고 독실한 신앙의 기반 위에 오실 것을 예고하고 있습니다.

참아버님은 이러한 신앙의 기준이 제2이스라엘 선민인 기독교 성도들 가운데서 찾아질 것이라고 설명하셨습니다.

"예수님은 신부를 찾는 것이 일대(一代)에 이루어야 할 목적이었음에도 불구하고 이 사명을 이룰 수 없었습니다. 그리하여 나는 신랑이요 너희는 신부라는 최후의 유언을 남기신 것입니다."

이 말씀은 예수님의 신부 찾기가 미완의 과제로 남았음을 보여줍니다.

이에 하늘부모님은 기독교 역사를 통해 신부를 준비해 오셨습니다.

"하나님은 제2이스라엘권 내에 있는 세계의 어느 나라를 막론하고 제일 잘 믿는 신도들을 중심으로 특등 신부를 찾고 계시는 것입니다. 그 신부를 찾아 나온 것이 예수님 이후의 2천년 역사인 것입니다."[5]

여기서 '특등 신부'란 개인이 지닌 신앙심을 넘어, 하늘이 찾아 나오신 빛나는 영성을 이어받은 자리를 의미합니다.

하늘부모님의 직계 자녀

신약시대는 예수님과 성령의 역사로 인류가 영적으로 중생하여 양자의 자리까지 올라갔습니다. 이는 구약시대의 종의 위치에서 한 단계 더 높이 올라선 것입니다. 이러한 신약시대의 특성은 하늘부모님의 직계 자녀인 독생녀의 탄생 방식과 관련이 있습니다.

---

5) 『선집 제19권』, 163.

참아버님은 직계 자녀의 혈통복귀에 대해 다음과 같이 설명하셨습니다.

"예수님이 이 땅에 옴으로 말미암아 양자시대에 들어왔습니다. 양자권은 직계권에 가깝지요? 종은 직계 아들인 예수님하고 관계를 맺어야만 양자권 내에 들어올 수 있는 것입니다. 그렇기 때문에 기독교를 믿는 사람들은 양자인 것입니다. 구약시대는 종의 시대입니다. 예수님이 태어나기 전 시대인 구약시대에는 하나님의 딸이 없었습니다. 그러니 할 수 없이 종의 몸뚱이를 빌려서 주인(하나님)의 씨를 받아 가지고 나오는 것입니다. 마리아가 이렇게 종의 입장이었습니다."[6]

여기서 참아버님의 말씀을 근거로 독생자와 독생녀의 탄생을 설명하겠습니다. 독생자 예수님과 독생녀 한학자 참어머님은 모두 원죄 없이 태어난 하늘부모님의 직계 자녀입니다. 하지만 두 분의 탄생은 차이가 있습니다.

먼저 독생자 예수님께서 어떻게 탄생하셨는지 설명하겠습니다. 요셉과 마리아는 구약시대의 사람으로 모두 종의 위치에 있었습니다. 독생자의 탄생에 중요한 역할을 한 것은 계시를 받은 사가랴와 마리아였습니다. 이들이 계시 받는 내용은 아담과 해와가 타락한 경로를 반대로 복귀하는 것이었습니다. 제

---

6) 『선집 제38권』, 68.

사장 사가랴가 임시적으로 하나님의 입장에서 종의 입장에 있는 마리아를 하늘 편으로 복귀했습니다. 마리아는 요셉과 정혼한 상태에서 남편과 부모를 속이고 계시를 따라 예수님을 잉태한 것입니다. 사가랴와 마리아가 비록 종의 위치에 있었지만, 그들의 생명을 건 절대 신앙을 통해 예수님이 독생자로 태어날 수 있었습니다.

이번에는 독생녀의 탄생에 대해 설명하겠습니다. 구약시대에는 하나님의 딸이 없었기 때문에 빼앗아오는 섭리를 통해 독생자를 보내야 했습니다. 하지만, 신약시대에는 기독교 신도가 이미 양자의 자리에 올라와 있기에 그러한 섭리가 필요하지 않습니다. 하늘부모님은 가장 독실한 기독교 신도들 가운데서 하늘부모님의 직계 자녀인 독생녀를 보내실 수 있습니다. 한승운 대부님과 홍순애 대모님은 신령교단인 예수교회에서 헌신하던 중 계시를 따라 결혼하셨습니다. 이후 홍순애 대모님은 성주교단에서 재림주 대망신앙에 헌신하던 중 독생녀를 잉태하셨습니다. 독생녀는 교회 중의 교회인 신령교단을 통해 신부 중의 신부로 이 땅에 현현하신 것입니다.

〈도표 7〉 시대별 혈통복귀 섭리

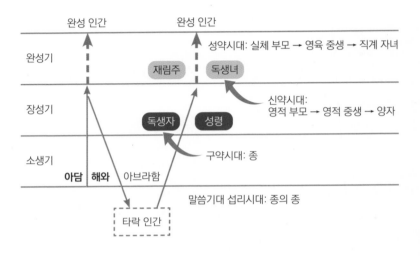

참아버님은 재림시대의 신부에 대해 다음과 같이 말씀하셨습니다.

"재림시대는 완성 기준의 시대이기 때문에 재림주님은 인류의 어머니를 찾으러 오시는 것입니다. 신랑 되신 주님이 이 땅 위에서 찾으시는 신부는 타락권 내에서 찾는 신부가 아닙니다. 타락하지 않은 순수한 혈통을 지니고 탄생한 분을 찾는 것입니다."[7]

해당 말씀의 전문에 의하면 신부의 자격 기준은 3단계로 구

7) 『선집 제35권』, 217.

분됩니다. 첫째는 타락권에 있는 신부, 둘째는 복귀된 신부, 셋째는 타락하지 않은 순수한 혈통을 지니고 '탄생'한 신부입니다. 참아버님은 원죄와 상관없이 탄생한 하늘부모님의 딸을 찾으신 것입니다.

실체 참부모님의 현현

한편 재림주님의 자리는 독생자이신 예수님의 승리권을 상속받은 것입니다. 예수님은 참아버님을 독생자의 재림자로 소명하셨습니다. 이러한 재림주님과 독생녀의 어린 양 혼인잔치를 통해 마침내 실체 참부모님이 현현하셨고, 이제 참부모님의 축복을 통해 인류의 실체적 중생이 이루어지고 있습니다.

이처럼 독생녀의 탄생은 2천년에 걸친 기독교 영성의 전통과 한국 신령집단의 정성 어린 준비, 그리고 하늘부모님의 특별한 섭리가 맺은 결실입니다.

4.7 무형의 성령에서 실체 독생녀로

성령은 어떤 존재일까요? 2천년 동안 기독교는 성령을 신비로운 현상이나 하나님의 능력 정도로 이해해왔습니다. 하지만 요한계시록은 마지막 때에 "성령과 신부가 말씀하시기를 오라 하시는도다"라고 예언합니다. 이는 무형의 성령이 실제 인물로 나타날 것을 암시하는 놀라운 말씀입니다. 그렇다면 성령이 실체 독생녀로 현현하신다는 것은 무엇을 의미할까요? 이는 하늘부모님의 구원섭리에서 가장 중대한 전환점이 될 것입니다.

오순절에서 독생녀까지: 성령의 3단계 실체화 과정

성령의 실체화는 하늘부모님의 창조섭리와 구원섭리에서 핵심적인 과정입니다. 이는 무형의 성령이 점진적으로 실체를 갖추어 가는 과정으로 이해할 수 있습니다. 성령의 실체화는 크게 3단계로 구분할 수 있습니다.

첫째는 오순절 성령 강림으로 시작된 무형의 성령 역사입니다. 이때 성령은 예수님과 함께 영적인 참부모의 자리에서 인류를 영적으로 중생시키는 역할을 했습니다. 이는 마치 어머니가 자녀를 잉태하고 양육하는 것과 같은 과정입니다.

둘째는 성령이 신령한 여성들과 연합하는 단계입니다. 초대교회의 동정 순교자들, 중세의 여성 신비주의자들, 그리고 한국의 신령한 여성들을 통해 성령은 더욱 구체적으로 역사했습니다.

셋째는 성령이 실제 인물로 현현하는 단계입니다. 계시록 22

장 17절의 '성령과 신부'에 대해 참아버님은 성령이 실체를 쓴 것이라며 "그때가 재림시대입니다. 신부 단장을 마치는 날입니다"[8]라고 말씀하셨습니다. 이는 하늘부모님의 여성성이 실체를 갖춘 여성과 결합하여 독생녀로 나타난다는 뜻입니다. 『원리강론』은 이를 "성신실체"라고 표기하고 있습니다.[9]

연합이 아닌 영원한 실체성령

참아버님의 해석은 성령의 역사가 궁극적으로 실체적인 '신부'의 출현으로 완성된다는 것을 의미합니다. 이것은 무형으로 계시는 하늘부모님의 여성적 신성이 실체를 갖춘 여성, 즉 독생녀로 나타난다는 원리입니다. 이는 6천년 복귀섭리와 2천년 기독교 역사가 신부를 준비하는 과정이었다는 새로운 역사신학적 관점입니다.

독생녀는 단순히 성령과 연합한 상태가 아닙니다. 성령 자체가 실체화된 하늘어머니라는 점에서 이전의 신령한 여성들과는 본질적인 차이가 있습니다. 성령과 연합한 여성의 경우 그 연합이 일시적일 수 있습니다. 하지만, 독생녀는 성령 자체이기 때문에 분리될 수 없는 영원한 실체성령입니다.

---

8) 『선집 제7권』, 158.
9) 세계평화통일가정연합, 『원리강론』(서울: 성화출판사, 2001), 150.

예수님이 구약의 말씀이 실체가 되어 오신 것처럼, 독생녀는 성령이 실체가 되어 오신 것입니다. 즉 기독교 2천년 동안 성령의 역사가 점진적으로 발전하여 독생녀를 통해 완성된 것입니다.

하늘부모님을 향한 효심과 순결: 독생녀의 영적 권위

독생녀의 영적 권위는 그 천부적 속성에서 비롯됩니다. 하늘부모님을 향한 효심과 순결은 독생녀의 본질을 잘 보여줍니다.

독생녀의 가장 두드러진 성품은 하늘부모님을 향한 천부적인 효심입니다. 학창 시절, 참어머님은 성서를 읽으며 하늘부모님의 한 많은 구원역사에 깊이 사무치셨습니다. 밤새 잠 못 이루고 흐느껴 우시며 하늘부모님의 심정을 체휼하신 것은 단순한 감정이나 종교적 열정을 넘어선 것이었습니다. 이는 독생녀만이 가질 수 있는 하늘부모님과의 직접적이고 본질적인 교감입니다.

또한 참어머님은 성인전을 숙독하셨습니다. 성인전에는 많은 성인과 성녀의 이야기가 나옵니다. 특히 동정 순교자들의 고결한 생애가 기록되어 있습니다. 독생녀로서 참어머님은 주님과의 사랑을 지키기 위해 목숨까지 바친 동정 순교자들의 숭고한 희생에 깊은 울림을 느끼셨습니다. 이를 통해 참된 신부의 마음가짐을 갖추셨습니다.

이러한 독생녀의 영적 권위는 인류 구원에 있어 결정적인 의미를 지닙니다. 독생녀의 영적 권위는 하늘부모님과 인류를 연결하는 실체적 통로로서, 인류가 하늘부모님의 사랑과 생명을 구체적으로 체현하도록 이끄는 힘입니다. 성령이 2천년 동안 영적으로만 이루어 온 중생의 역사는 이제 실체적인 차원으로 발전하게 되었습니다. 실체로 오신 독생녀를 통해 인류는 하늘부모님의 본성을 닮아가는 실체적 중생을 이루며, 참사랑과 참생명의 삶을 완성할 수 있게 된 것입니다.

인류의 참어머니 홀리 마더 한(Holy Mother Han)

독생녀, 하늘신부, 하늘어머니의 정체성은 참어머니 한 분 안에 통합되어 있으며, 각각은 하늘부모님의 구원섭리에서 고유한 의미와 역할을 갖습니다. 독생녀는 하늘부모님의 혈통을 이어받은 정체성을, 하늘신부는 재림주님과의 관계적 정체성을, 하늘어머니는 인류 구원을 위한 사명적 정체성을 나타냅니다. 이 3가지 정체성이 하나로 통합되어 '홀리 마더 한'으로 현현하신 것입니다.

독생녀: 하늘부모님의 직계 딸

독생녀는 원죄 없이 태어난 하늘부모님의 직계 딸로서, 창조 본연의 인간 본성을 온전히 지니고 하늘부모님의 여성성을 완전히 체현합니다. 독생녀의 혈통적 정체성은 "하늘부모님이 세

상을 이처럼 사랑하사 독생자를 주셨으니"(요 3:16)라는 말씀
처럼, 하늘부모님의 주권적 역사에 의해 이 땅에 보내진 존재
임을 의미합니다. 이는 하늘부모님께서 직접 부여하신 변경 불
가능한 본질로서, 인류 구원의 사명을 감당할 수 있는 근본적
자격이 됩니다.

하늘신부: 어린 양의 신부

하늘신부는 재림주와의 관계성을 강조한 정체성입니다. 계시
록에 예언된 "준비된 신부"(계 19:7-8)로서, 재림주와 함께 어
린 양 혼인잔치를 통해 실체 참부모가 되는 사명을 지니고 있
습니다. 이 관계적 정체성은 아가서의 신랑과 신부 관계, 그리
고 기독교 2천년 역사를 통해 발전해온 신부 영성의 완성을 의
미합니다.

실체 하늘어머니: 실체성령

실체 하늘어머니는 구원섭리 안에서 중생 역사를 이루는 사
명적 정체성을 지니고 있습니다. 계시록의 "성령과 신부"(계
22:17)는 실체성령으로서의 독생녀를 가리키며, 이는 오순절
이후 2천 년 동안 무형으로 역사하시던 성령이 독생녀를 통해
실체화된 것입니다. 실체로 나타나신 하늘어머니께서는 인류
에게 실체적 중생의 은사를 베푸심으로써 영과 육을 아우르는
전인적 구원을 가능하게 하시며, 하늘부모님의 모성적 사랑과
심정을 직접 전해 주십니다.

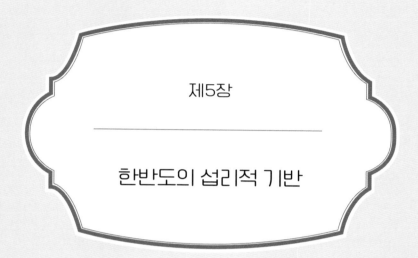

제5장

한반도의 섭리적 기반

제5장

한반도의 섭리적 기반

왜 하필 한반도였을까요? 1945년 해방의 기쁨도 잠시, 누구도 예상하지 못한 놀라운 섭리가 이 땅에서 펼쳐졌습니다. 당시 주요 민족 지도자들은 놀랍게도 모두 기독교 배경을 가지고 있었습니다. 심지어 김일성의 가문도 독실한 기독교 가정이었다는 사실, 알고 계셨나요? 하늘은 이들이 하나되어 새로운 섭리의 기반을 마련하기를 바라셨습니다. 하지만 기독교는 깊은 분열 속으로 빠져들었고, 한민족은 전쟁의 비극을 맞이했습니다. 그런데 이 절망적인 상황 속에서 기적이 일어났습니다. UN 군의 참전으로 새로운 희망을 얻었습니다. 이후 하늘의 섭리는 예상치 못한 새로운 방향으로 전개되었습니다.

> [천주적 가나안 복귀]
> – 정의: 세계를 넘어 천주적 차원에서 본연의 창조이상을 회복하는 과정
> – 범위: 영계와 육계를 포함한 전 피조세계 차원의 복귀
> – 목적: 하늘부모님의 창조이상인 지상천국과 천상천국의 완성

5.1 한반도에서 세계 평화의 모델이 준비되다

1945년 해방과 함께 하늘부모님의 섭리는 새로운 국면에 접어들었습니다. 이는 민족의 해방을 넘어서는 천주적 차원의 섭리가 시작된 순간이었습니다. 하늘은 한반도를 중심으로 청사진을 준비하셨습니다. 이 거대한 섭리는 인간 책임분담의 성패에 달려 있었습니다. 동서양이 만나는 접점이자 민주주의와 공산주의가 대립하는 최전선인 한반도에서 이루어질 통일은 곧 세계 평화의 모델이 될 것이었습니다.

3단계로 전개되는 청사진

하늘부모님의 구원섭리는 장기적인 계획 하에 단계적으로 진행됩니다. 특히 천주적 가나안 복귀를 위한 기대 조성은 매우 치밀하게 준비된 과정이었습니다. 이는 한반도를 중심으로 시

작되어 전 세계로 확장되는 것입니다. 그 첫 단계는 1945년 해방과 함께 시작되었습니다.

하늘부모님의 섭리는 크게 3단계로 예정되어 있었습니다. 첫째는 1945년부터 1952년까지로, 이 시기는 국가적 기대를 조성하는 기간이었습니다. 둘째는 1953년부터 1960년까지로, 세계적 기대를 쌓는 기간이었습니다. 마지막으로 성혼 이후에는 참부모님을 중심으로 천주적 기대를 이루는 것이 계획되어 있었습니다.

하늘의 정교한 예정

이러한 기대 조성의 구체적인 과정은 다음과 같이 전개될 예정이었습니다. 먼저 신령집단과 기성교단이 하나가 되어 한국 기독교 내에서 가인과 아벨의 통일이 이루어져야 했습니다. 다음으로 한민족이 하나 되어 일제의 신사참배 강요를 물리치고 선민으로서의 위상을 확고히 해야 했습니다. 이 과정에서 미국 선교사들이 미국의 조야를 움직여 한국의 독립을 돕게 될 것이었습니다.

다음으로 세계 기독교의 기대 위에 참아버님과 참어머님의 성혼이 이루어져야 합니다. 마지막으로 참부모님이 천일국의 비전을 중심삼고 세계 공산주의와 민주주의를 포괄해 더 높은 차원으로 승화시키는 것입니다. 천일국은 하늘부모님을 중심으로 가인과 아벨이 하나된 공생·공영·공의주의 세계입니다.

인간 책임분담의 길

섭리의 실현은 전적으로 인간의 책임분담 수행 여부에 달려있습니다. 하늘부모님은 섭리의 방향과 목표를 제시하시지만, 그것을 실현하는 것은 인간의 몫이기 때문입니다. 따라서 섭리의 성패는 중심인물들이 자신의 사명을 얼마나 잘 이해하고 실천하느냐에 달려있습니다.

한반도에서의 섭리는 민족적 차원을 넘어 세계적, 천주적 차원으로 확대되어야 했습니다. 이는 한반도가 동양의 대륙문명과 서양의 해양문명이 만나는 접점이자, 공산주의와 민주주의가 대립하는 최전선이며, 더 나아가 무신론적 세계관과 유무신론적 세계관이 맞서는 영적 전선이기 때문입니다. 따라서 한반도에서의 섭리적 승리는 곧 세계적 차원의 가인과 아벨의 통일로 이어질 수 있습니다. 대륙문명과 해양문명, 공산주의와 민주주의, 무신론과 유신론으로 대표되는 가인적 세력과 아벨적 세력이 한반도에서 하나될 때, 그것은 전 세계의 통일을 위한 모델이 될 수 있습니다.

5.2 해방과 함께 드리워진 어두운 그림자

해방의 기쁨도 잠시, 누구도 예상하지 못한 비극이 시작되고 있었습니다. 일제 치하에서 고통받던 한국 교회는 해방 후 오히려 깊은 분열 속으로 빠져들었습니다. 함께 독립운동을 했던 민족의 지도자들마저 정치적 이념에 따라 갈라섰습니다. 같은 기독교적 배경을 지닌 이들이 어떻게 극과 극으로 나뉘어 싸우게 되었을까요? 그들 사이의 깊은 불신은 어디에서 비롯된 것일까요?

교회의 분열이 민족의 비극으로

해방 이후 섭리가 틀어진 가장 큰 원인은 기성교단이 신령집단을 불신한 데 있었습니다. 일제 강점기에 이용도 목사의 요절과 신령집단의 와해로 교회는 구심점을 잃었습니다. 여기에 선교사들이 추방되는 상황에서 일제의 신사참배 강요가 더해지자 교회는 사분오열되었습니다. 이러한 분열은 해방 이후에도 치유되지 못했고, 갈등이 더욱 깊어졌습니다.

1945년부터 1952년까지는 국가적 기대를 조성해야 할 중요한 시기였습니다. 그러나 해방 직후 지도자들의 대립으로 이 섭리 또한 이루어지지 못했습니다. 당시 한국의 주요 지도자들은 우익에서 좌익까지 모두 기독교적 배경을 가지고 있었습니다. 이승만, 김구, 김규식, 여운형, 조만식, 박헌영, 김일성 등… 이는 하늘부모님이 한반도의 통일을 위해 기독교를 중심으로 섭리를 준비하셨음을 보여줍니다.

예기치 않은 반전: 김일성

특히 주목할 만한 것은 김일성 가문입니다. 김일성의 아버지 김형직은 숭실학교를 졸업하고 미션스쿨에서 교사로 일했습니다. 어머니 강신희는 선교사 넬슨 벨이 지어준 세례명을 따라 강반석으로 개명했습니다. 두 사람은 벨의 소개로 결혼했습니다. 외할아버지 강돈욱은 평양의 칠골교회를 세운 장로였습니다. 작은아버지 강양욱은 평양신학교를 졸업한 목사였습니다. 김일성 자신도 어린 시절 교회에 다녔으며, 기독교 학교에서 교육받았습니다.

이것은 우연이 아닙니다. 이는 하늘부모님이 기독교를 중심하고 한반도 전체를 아우르는 섭리적 기반을 마련하셨음을 보여줍니다. 그러나 지도자들은 일제 강점기 동안의 신사참배 문제를 둘러싼 갈등을 해소하지 못했습니다. 이것이 해방 이후 더 깊은 분열로 이어졌습니다. 결과적으로 이들은 서로 반목하며 통일 정부를 수립하지 못했습니다. 이것이 한반도의 분단이라는 비극적 결과를 초래했습니다.

해방 후 한민족의 시련은 하늘부모님의 섭리가 인간의 책임분담 수행 여부에 따라 그 실현 과정이 크게 달라질 수 있음을 보여줍니다. 기성교단과 신령집단의 불화, 그리고 해방 이후 지도자들의 대립은 예정된 출발 섭리를 좌절시켰습니다. 이는 더 큰 탕감노정을 필요로 하게 만들었습니다.

5.3 죽음의 순간에도 함께하신 하늘

섭리의 중대한 사건에는 언제나 하늘의 특별한 개입이 있었습니다. 모세가 홍해를 건널 때, 다니엘이 사자굴에서 살아남았을 때, 베드로가 감옥에서 천사의 도움으로 탈출했을 때처럼 말입니다. 우리는 이것을 기적이라 부릅니다. 한국전쟁 중에도 이러한 기적들이 있었습니다.

B29, 재림주님을 구하다

기독교 기반이 상실됨에 따라 재림주님의 출발 섭리는 예정된 방향으로 진행되지 못했습니다. 재림주님은 흥남 감옥이라는 극한의 탕감 노정을 걸으셔야 했습니다. 이는 마치 예수님이 십자가에 달리신 것과 같은 '죽음'의 자리였습니다. 한국전쟁이 치열하게 전개되고 있던 1950년 10월 14일 오전 2시, 흥남감옥에서는 장기수들에 대한 처형이 진행되고 있었습니다.

7년형과 6년형을 선고받은 수감자들이 모두 처형되었습니다. 이제 5년형을 선고받은 재림주님의 차례가 다가오고 있었습니다. 바로 그때, 하늘은 미국의 B29 폭격기를 긴급 출동시켜 흥남감옥을 폭격하게 하셨습니다. 이는 문자 그대로 죽음의 순간에서 기적적으로 '부활'한 사건이었습니다.

한강 도하의 기적

한국전쟁 중에는 또 하나의 특별한 하늘의 보호가 있었습니다. 앞서 언급한 대로 1950년 6월 28일 오전 3시, 북한군이 서울을 점령하기 직전 독생녀가 극적으로 한강을 건너 피난하신 일입니다. 이후 하늘은 천군천사를 동원하셨습니다. UN군의 신속한 참전으로 독생녀는 안전하게 남하하실 수 있었습니다.

인천상륙작전 | 1950년 9월 15일, 미군이 인천항에 상륙하고 있습니다. 공공누리.

UN군이 달려온 이유

한국전쟁에서 UN군이 참전한 것은 세계 패권을 위한 국제 정치적 결정이 아닙니다. 그것은 하늘부모님의 섭리적 간섭에 의해 일어난 중요한 사건이었습니다. 하늘부모님은 재림주님과 독생녀를 보호하시기 위해 하늘 군대를 동원하셨고, 그 섭리의 일환으로 UN군이 신속히 참전하도록 이끄셨습니다.

이는 한반도가 더 이상 지역 갈등의 무대가 아니라, 인류 역사 속에서 중요한 섭리의 중심이라는 것을 보여줍니다. 이념의 대립이 세계적으로 확산되는 상황에서 한반도는 그 중심축이 되었습니다. 통일 과제 역시 한 민족의 문제가 아닌 인류 전체를 위한 섭리임이 드러났습니다.

신통일한국 희망전진대회 | 신한국협회 제2지구는 2018년 10월 28일, 경기도 가평군 청심평화월드센터에서 '신통일한국 희망전진대회'를 개최하였습니다. UN 창립 73주년을 기념하여 '은혜를 잊지 않는 효정 대한민국'이라는 주제로 UN군 참전 16개국 대사들을 초청해 감사의 뜻을 전했습니다.

탕감노정의 확장과 승리

한국전쟁은 한민족에게 침투한 사탄을 분립하는 탕감노정이
었습니다. 이는 또한 민족 간의 전쟁을 넘어, 기독교를 중심으
로 한 가인과 아벨의 대립이 세계적 차원으로 확대된 섭리적
사건이었습니다.

한국전쟁은 민족의 차원을 초월해 인류 전체에 영향을 미치
는 의미를 지닙니다. 민주와 공산의 대립이 한반도를 중심하고
세계로 확대됨으로써, 한반도는 인류 평화와 섭리 완성을 위한
중심이 되었습니다.

따라서 앞으로 한반도는 단순한 지정학적 요충지가 아닌, 하
늘부모님의 섭리적 뜻을 이루기 위한 세계 평화의 중심으로서
중요한 역할을 담당해야 합니다.

5.4 통일원리: 진리 통합의 서막이 오르다

1952년 봄, 한국전쟁의 혼란 속 부산 피난민촌의 작은 토담
집에서 통일원리가 처음 선포되었습니다. 이는 새로운 교리의
출현이 아닙니다. 20세기의 과학은 물질 세계의 법칙을 규명
했으나 영적 세계의 본질을 설명하는 데 한계가 있었습니다.

반면, 종교는 영적 진리를 전했지만 이성적·논리적 토대가 부족했습니다. 통일원리의 출현은 과학과 종교의 한계를 넘어선 획기적인 진리 통합의 출현이었습니다.

계시의 조각들을 하나로 꿰다

참아버님은 신령집단에서 받은 계시의 조각들을 하나의 체계로 통합하셨습니다. 통일원리는 과학적 원리와 종교적 진리, 동양의 직관과 서양의 논리, 전통적 영성과 현대적 이성을 아우르는 통합적 진리체계입니다. "구슬이 서 말이라도 꿰어야 보배"라는 말처럼, 개별적 진리들이 하나의 일관된 체계 속에서 의미를 찾게 된 것입니다.

통일원리는 종교와 과학이 서로를 보완하는 혁신적인 통합을 이루었습니다. 기존의 기독교가 '믿음으로 받아들이라'고만 했던 교리들을 과학적으로 설명했습니다. 동시에 과학이 다다르지 못한 영적 세계의 실상을 체계적으로 밝혔습니다. 하나님을 인격적 부모이자 우주 법칙의 창조자로 설명했습니다. 예수님의 탄생과 부활도 신비가 아닌 혈통복귀의 원리와 메시아의 사명이라는 관점에서 논리적으로 해명했습니다. 이를 통해 종교는 과학적 근거를 얻었고, 과학은 영적 차원을 발견하게 되었습니다.

『원리원본』 | 『원리원본』은 참아버님의 유일한 육필 저서로서 5권 675쪽 분량입니다.

진리의 대 통합: 조화와 통일

통일원리는 모든 진리 체계를 더 큰 차원으로 확장했습니다. 구원을 개인에서 가정·사회·세계·천주로 넓혔습니다. 윤리를 개인에서 가정 중심의 천주적 윤리로 발전시켰습니다. 영계 이해도 천국과 지옥의 이분법에서 벗어나 지상과 천상이 연결된 입체적 구조로 확장했습니다. 이처럼 모든 진리가 더 큰 차원에서 통합되며 새로운 의미를 얻게 되었습니다.

통일원리는 역사 해석에서도 혁신적 통합을 이루었습니다. 진보와 순환이라는 상반된 역사관을 나선형 사관으로 통합했습니다. 역사의 주기성과 발전성을 동시에 설명했습니다. 섭리적 동시성의 발견은 역사 속에 숨겨진 하늘의 법칙을 밝혀내어, 과거, 현재, 미래가 하나의 원리 안에서 통합될 수 있음을 보여주었습니다.

통일원리는 모든 진리의 단편들을 하나로 엮어 인류 역사와 문명의 흐름을 새롭게 해석할 수 있는 틀을 제시했습니다. 이는 조화와 통일을 지향하는 보편적 원리로서, 인류가 맞이할 새로운 시대의 방향성을 제시하는 이정표입니다. 진정한 평화와 하나됨은 다양한 진리가 조화를 이루는 데서 시작합니다. 통일원리는 그 길을 밝히는 빛이 되었습니다.

5.5 교회 중의 교회: 통일교

기독교 역사 속에 수많은 교회가 있었지만, 하늘은 특별한 교회를 찾고 계셨습니다. 하늘의 섭리를 이해하고, 독생녀를 맞이할 수 있는 신령과 진리의 교회를 말입니다. 세계기독교통일신령협회는 바로 이러한 자격을 갖춘 교회입니다. 통일교의 창립은 기독교 2천년이 찾아 나온 교회 중의 교회가 출현한 것입니다.

통일교는 세계 기독교의 대신 자격

1954년 5월 1일, 서울 성동구 북학동의 작은 집에서 세계기독교통일신령협회가 창립되었습니다. 외형적으로는 미약했지만, 그 영적 의미는 매우 중대했습니다. 이는 기독교 2천년 역사의 총체적 결실이자, 새로운 시대를 여는 출발점이었기 때문입니다.

통일교의 창립은 2천년 간 기독교가 준비해온 신부의 자격이 마침내 완성되었음을 의미합니다. 기독교는 본질적으로 신부 종교로서 참된 교회를 분별해 나왔습니다. 통일교의 창립은 그 기다림의 결실을 맺는 순간이었습니다.

세대문집 | 세계기독교통일신령협회 서울교회는 그 이름과 달리 매우 초라한 모습이었습니다. 3개의 작은 대문은 사람이 드나들 때 저절로 머리를 숙이게 될 정도로 낮았습니다.

신령과 진리가 완벽한 조화를 이루다

통일교는 그 명칭과 역사에서 알 수 있듯이 '신령과 진리'를 강조하는 신령교단의 성격을 띠고 있습니다. 이러한 특성은 통일교가 신령에 의한 체휼 신앙과 이성에 의한 진리 탐구의 조화를 추구한다는 것을 천명한 것입니다.

신령과 진리의 조화는 매우 중요한 의미를 지닙니다. 순수한 영적 체험만으로는 체계적인 진리를 확립할 수 없습니다. 또한, 이성적 진리만으로는 생명력 있는 신앙을 이룰 수 없습니다. 통일교는 이 둘의 완전한 조화를 통해 새로운 차원의 신앙을 제시했습니다.

섭리적 신부의 역할을 다 하다

통일교는 세계 기독교를 대신하는 섭리적 신부의 위상을 지니고 있습니다. 이는 하늘부모님께서 교회 중의 교회를 통해 신부 중의 신부를 찾아오신 섭리의 중요한 완성 단계입니다. 통일교는 세계 기독교와 한국 기독교의 영적 유산을 계승하고 있습니다. 또한, 독생녀를 맞이할 수 있는 영적 기반을 마련했습니다. 이러한 점에서 통일교는 깊은 섭리적 의미를 지니고 있습니다.

특히 통일교가 수행한 가장 중요한 섭리적 사명은 '어린 양 혼인잔치'의 실행이었습니다. 이는 상징적 의미를 넘어 실체적 사건으로서, 재림주님과 독생녀의 성혼을 통해 참부모님이 현현한 역사적 순간입니다. 이를 통해 인류는 하늘부모님의 직계 자녀로 거듭날 수 있는 길이 열리게 되었습니다.

이처럼 통일교의 창립은 하늘부모님의 구원섭리가 새로운 차원으로 진입하는 결정적 전환점이었습니다. 이는 기독교의 전통을 계승하면서도 그것을 초월하여, 하늘부모님의 창조이상을 실현하는 새로운 섭리의 출발이었습니다.

제6장

_____

어린 양 혼인잔치와
참부모의 길

제6장

어린 양 혼인잔치와 참부모의 길

2천년의 기다림이 끝났습니다. 1960년 봄, 서울의 작은 교회에서 일어난 한 사건이 인류 역사의 흐름을 바꾸어 놓았습니다. 마치 2천년 전 베들레헴의 작은 마구간에서 시작된 구원의 역사처럼, 이날의 사건도 겸손한 시작이었지만 그 의미는 실로 놀랍습니다. 그리고 그 이후의 섭리는 더욱 더 놀랍습니다.

6.1 인류 역사를 바꾼 사건: 어린 양 혼인잔치

한 남여의 결혼식이 어떻게 인류 구원의 결정적 계기가 될 수 있을까요? 그것은 구약시대와 신약시대의 섭리가 마침내 성약시대로 승화되는 순간이었기 때문입니다. 이 한순간을 위해 초대교회의 동정 순교자들은 목숨을 바쳤습니다. 중세의 신비가들은 신부 영성의 토대를 닦았습니다. 또한, 근현대의 신령집단들은 온갖 비난과 몰이해 속에서도 계시를 믿었습니다. 모든 역사는 이 순간을 향한 하늘의 섭리였습니다. 그리고 마침내, 참부모님을 통해 실체적 구원의 시대가 열렸습니다.

하늘이 기다린 그 순간

참부모님의 성혼은 인류 구원의 새로운 장을 여는 중대한 사건이었습니다. 1960년 음력 3월 1일, 서울 청파동의 작은 교회에서 역사적인 가약식이 거행되었습니다. 가약식을 앞두고 참어머님은 무아의 경지에서 이렇게 결의하셨습니다.

"가는 길이 아무리 힘들어도 내 당대에서 복귀 섭리를 끝내겠습니다."

독생녀의 사명에 대한 깊은 인식과 절대적 헌신을 보여주는 대목입니다. 이는 하늘부모님의 섭리 완성을 위한 독생녀의 확고한 의지의 표현입니다.

가약식 후 보름이 지나서 성혼식을 올렸습니다. 이 성혼식은 예수님 시대의 미완의 섭리가 완성되는 순간이었습니다. 재림주님과 독생녀의 만남을 통해 참부모의 자리가 세워졌고, 이로써 인류는 영적 중생을 넘어 실체적 중생의 길이 열렸습니다. 이는 요한계시록에 예언된 '어린 양 혼인잔치'의 실제적 성취였습니다.

성혼식 | 참부모님의 성혼식이 1960년 음력 3월 16일 서울 청파동 전본부교회에서 거행되었습니다.

하늘부모님의 한을 풀다

하늘부모님은 깊은 한을 품고 계셨습니다. 자녀들이 하나님의 모성적 신성을 망각하고 있었기에 그동안 '아버지'로만 불리시며, 하늘부모님의 온전한 위상을 갖지 못하셨습니다. 또한 하늘부모님은 하늘어머니의 사랑을 알지 못하는 불쌍한 자녀들을 바라보시며 비통해 하셨습니다.

참아버님은 이를 다음과 같이 설명하셨습니다.

"하나님의 몸으로 하나된 한 부부가 출현하여 이루어질 때의 잔치가 곧 어린 양 잔치라는 것이다. ... 어머님 없는 하나님 아버지였던 근본 뜻을 생각조차 못한 부모 잃은 자식을 볼 때에 아버지는 그 아픈 통분은 말할 수 없었을 것이며, 그 동안 인생의 미해결적 고통은 역사를 통하여 나온 사실이었다."[10]

그러나 마침내 이러한 하늘부모님의 한이 해원됐습니다. 어린 양 혼인잔치를 통해 하나님의 모성이 참어머님을 통해 나타났으며, '하늘부모님'이라는 본래의 신상이 회복됐습니다.

---

10) 문선명, 『원리원본』(미간행원고, 1952), 278.

실체 참부모님의 현현

더 나아가 하늘부모님과 문선명 참아버님과 한학자 참어머님이 일체가 된 '천지인참부모님'이 현현하셨습니다. 천지인참부모님은 무형의 하늘부모님이 실체 부모와 사랑으로 하나되어 인격적 부모로 나타나신 분입니다. 이로써 하늘부모님의 인간에 대한 창조이상이 실체적으로 실현되었습니다. 그리고, 참부모님이 베푸시는 축복결혼식을 통해 자녀들이 하늘편 가정을 이룰 수 있는 기반이 마련됐습니다.

실체구원의 새 시대가 열리다

어린 양 혼인잔치는 인류 구원의 새로운 차원을 여는 역사적 사건입니다. 이는 신부의 발전적 완성을 통해 실현되었습니다. 구약시대에는 신부를 이스라엘 민족과 같이 집단적이고 추상적인 개념으로 이해했습니다(개념적 신부). 신약시대에는 개념적 신부가 성령을 받은 여성 신비주의자들을 통해 영적이고 개인적인 차원으로 발전했습니다(영적 신부). 마침내 영적 신부가 독생녀를 통해 실체적인 인격으로 완성되었습니다(실체 신부). 이 완성은 무형의 성령이 독생녀라는 실체적 인격으로 나타난 것입니다. 독생녀는 육신을 입고 지상으로 강림한 재림주님과 함께 어린 양 혼인잔치를 열었습니다. 이를 통해 영적 구원을 넘어 실체적 구원의 시대가 시작되었습니다.

6.2 새 생명의 시작: 축복결혼

혈통이 어떻게 바뀔 수 있을까요? 2천년 전 니고데모도 예수 님께 같은 질문을 했습니다.

"사람이 늙으면 어떻게 날 수 있사옵나이까? 두 번째 모태에 들어갔다가 날 수 있사옵나이까?"

예수님은 "사람이 물과 성령으로 나지 아니하면 하나님의 나 라에 들어갈 수 없느니라"고 대답하셨습니다(요 3:3). 혈통전 환은 타락 인간이 하늘부모님의 자녀로 거듭나는 혁명적인 변 화입니다. 기독교 신도들은 예수님을 믿음으로써 영적 구원을 얻었습니다. 이제는 실체적으로 하나님의 나라를 이루어야 할 때입니다. 축복결혼은 개인의 구원에 그치지 않습니다. 그것은

국제축복결혼식 | 1992년 8월 25일, 서울 올림픽주경기장에서 세계 131개국의 선남 선녀들이 참가한 가운데 3만가정 국제축복결혼식이 개최되었습니다.

가정을 통해 하늘부모님의 창조이상을 실현하고 이를 후대에 상속하는 근본적인 변화의 시작입니다.

오염된 물이 맑은 생명수로

축복결혼을 통해 인간은 원죄를 청산하고 새로운 생명으로 거듭납니다. 이는 마치 오염된 물이 정화되어 맑은 물로 바뀌는 것과 같은 근본적인 변화입니다. 이 과정에서 인간의 혈통이 사탄의 혈통에서 하늘부모님의 혈통으로 전환됩니다.

혈통전환은 단순한 물리적 혈통의 변화가 아니라, 원죄를 청산하고 사탄의 자녀에서 하늘부모님의 자녀로 거듭나는 인간 존재의 총체적 변화를 의미합니다. 이는 세 가지 핵심적 측면을 포함합니다. 첫째, 혈통이 사탄의 혈통에서 하늘부모님의 혈통으로 바뀌는 것으로 이는 영적 생명의 근원이 변화함을 의미합니다. 둘째, 내적 본성이 타락성에서 창조본성으로 변화하여 하늘부모님의 창조이상을 자연스럽게 체현할 수 있게 됩니다. 셋째, 정체성이 사탄의 자녀에서 하늘부모님의 자녀로 전환되어 온전한 자녀의식과 효정이 회복됩니다. 실체 참부모님의 축복을 통한 이러한 혈통전환은 원죄 전이의 사슬을 끊는 전환점이 되어, 축복가정의 자녀들이 원죄 없이 태어날 수 있는 길을 열어줍니다.

하늘 가정의 시작

가정을 통한 구원은 하늘부모님의 창조이상을 실현하는 근본적인 방법입니다. 부부가 함께 하늘부모님의 창조이상을 이루고, 자녀를 통해 이를 상속하는 것입니다. 이는 개인 차원의 결혼을 넘어 인류를 향한 하늘부모님의 구원 역사의 중요한 기반이 됩니다.

축복가정은 하늘부모님의 직계 자녀로서 창조본연의 가치를 구현해야 합니다. 가장 중요한 사명은 참부모님의 전통을 계승하고, 이를 자녀들에게 전수하는 것입니다. 이 전통의 핵심은 참사랑이며, 이는 하늘부모님의 창조본성을 닮은 무조건적이고 희생적인 사랑을 의미합니다.

참사랑의 실천은 가정에서 시작되어 이웃과 사회로 확산됩니다. 축복가정들이 모여 평화이상세계의 기초를 이루며, 이 사랑의 문화가 세계적 차원의 평화문화를 창출합니다. 이것이 하늘부모님께서 축복결혼을 통해 이루고자 하시는 궁극적인 목표입니다.

천일국 시민의 자격

축복가정은 하늘부모님의 축복을 받은 가정일 뿐만 아니라 천일국 시민으로서 새로운 정체성과 사명을 지닙니다. 천일국은 하늘부모님을 중심으로 한 이상세계이며, 이에 따라 축복가정은 구체적인 사회적 책임을 수행해야 합니다.

천일국 시민의 책임은 다음과 같습니다.

첫째, 참사랑의 확장: 가정에서 실천한 참사랑을 이웃과 사회로 확산하여 공동체의 조화와 평화를 이루는 것.

둘째, 가치와 문화의 전수: 자녀들에게 천일국의 가치관과 문화를 교육하고, 미래 세대가 그 비전을 이어가도록 돕는 것.

셋째, 사회적 기여: 이웃 사랑과 봉사를 통해 공동체 발전에 기여하며, 평화문화를 선도하는 시민의 역할을 수행하는 것.

넷째, 세계 평화의 동참: 지역을 넘어 세계 평화를 위한 다양한 활동과 헌신에 적극적으로 참여하는 것.

이러한 책임은 피할 수 없는 의무가 아니라, 하늘부모님의 자녀로서 창조이상을 실현하는 영광스러운 사명입니다. 축복가정이 이러한 역할을 자발적으로 실천할 때, 천일국의 이상은 온 세상에 확산될 것입니다.

축복결혼은 신약시대의 영적 구원을 넘어 실체적 구원의 시대를 여는 전환점입니다. 이를 통해 하늘부모님의 창조이상인 참된 가정이 지상에 나타나며, 이것이 천일국 건설의 토대가 됩니다. 이러한 축복가정들이 모여 하나의 공동체를 이루고,

나아가 국가와 세계를 이루어 갈 때 하늘부모님의 창조이상이 완성되는 것입니다.

6.3 참부모님, 미국을 깨우고 공산권을 품다

성혼 이후, 참부모님께서는 기독교권을 부활시키기 위해 전 세계를 순회하셨습니다. 당시 미국은 세계 최강국이었지만, 영적으로는 심각한 위기에 처해 있었습니다. 건국 정신을 잊고 세계 평화보다 자국의 이익에 더 집중하고 있었던 것입니다. 바로 그때, 참부모님께서는 하늘의 축복을 받은 미국이 그 사명을 다해야 한다고 외치셨습니다. 또한, 공산권 지도자들을 직접 만나 하늘부모님의 뜻을 전하며 냉전 종식에 힘쓰셨습니다.

피와 땀과 눈물로 얼룩진 재탕감 노정

참부모님의 성혼은 인류 구원의 새로운 장을 여는 중대한 사건입니다. 그러나 성혼 이후의 상황은 결코 순탄하지 않았습니다. 당시 한국의 정치적, 사회적, 종교적 환경은 참부모님의 사역에 필요한 기반을 전혀 제공하지 못했습니다. 이에 참부모님은 재탕감의 길을 개척하셔야 했습니다.

재탕감이란 기존의 섭리적 과정을 더 큰 차원에서 다시 수행하는 것을 의미합니다. 참부모님은 가정적 차원에서 시작하여 종족, 민족, 국가를 거쳐 세계적 차원으로 재탕감 노정을 확장하셨습니다. 1945년부터 1985년까지는 메시아를 맞이하기 위한 민족적 기대(1905-1945)를 재탕감하는 기간이며, 1985년부터 1992년까지는 해방 직후의 국가적 기대를 조성하는 섭리(1945-1952)를 재탕감하는 기간입니다.

매 순간 참부모님은 온갖 시련과 역경을 극복하시며 전진하셨습니다. 무수한 오해와 비난을 감내하셔야 했고, 극심한 경제적 어려움도 있었으며, 때로는 생명도 위협받았습니다. 그러나 참부모님은 한 치의 흔들림 없이 새로운 길을 개척해 나가셨습니다. 이를 통해 세계적 차원에서 천일국 창건을 위한 기반을 구축하셨습니다.

미국을 깨운 3대 집회

세계적 차원의 재탕감 노정에서 가장 주목할 만한 것은 1974년부터 1976년까지 미국에서 개최된 3대 집회입니다. 당시 미국은 베트남 전쟁의 실패로 인한 충격과 반전운동, 그리고 68혁명의 여파로 심각한 사회적 혼란을 겪고 있었습니다. 히피 문화가 만연하고 젊은이들이 기성 가치관을 전면적으로 부정하는 등 도덕적 타락이 심각했습니다. 이러한 위기 상황에서 참부모님은 메디슨 스퀘어가든, 양키스타디움, 워싱턴 모뉴먼트에서 대규모 집회를 개최하시며 젊은이들에게 새로운 희망과 비전을 제시하셨습니다. 특히 미국이 '섭리적 장자 국가'로서 세계 평화에 대한 책임이 있음을 강조하셨습니다.

워싱턴 모뉴먼트 대회 | 1976년 9월 18일, 워싱턴 모뉴먼트 대회는 미국 종교 역사상 가장 큰 규모로, 30만 명의 인파가 참석한 대규모 집회였습니다. 이 대회를 통해 참아버님은 미국에서 가장 유명한 한국인이 되셨으며, 그해 말 〈뉴스위크〉지의 '올해의 인물'로 선정되셨습니다.

냉전의 벽을 허문 큰 발걸음

1980년대에 들어서면서 참부모님의 섭리는 더욱 세계적인 차원으로 발전했습니다. 미소 간의 핵무기 경쟁이 절정에 달했을 때였습니다. 참부모님은 워싱턴 타임즈를 통해 레이건 대통령의 전략방위구상(SDI)을 적극 지지하셨습니다. 일명 스타워즈 계획으로 알려진 이 구상은 결국 소련이 핵무기 증강을 포기하게 만들었습니다.

1990년대 초, 참부모님은 더욱 획기적인 평화 구축의 발걸음을 내딛으셨습니다. 1990년과 1991년, 참부모님은 고르바초프 소련 대통령과 김일성 주석 등 공산권 지도자들과 연이어 회담을 가지셨습니다. 이는 동서 진영의 화해와 남북한의 평화를 위한 역사적인 전환점이 되었습니다. 이러한 노력의 결실로 1991년 마침내 냉전이 종식되었습니다. 참부모님은 이 기반 위에서 1992년 세계적으로 메시아를 선포하실 수 있었습니다.

참부모님과 고르바초프 대통령의 회담 | 1990년 4월 11일, 참부모님과 미하일 고르바초프 대통령의 크렘린궁 회담은 냉전 종식과 한소 수교의 물꼬를 트는 역사적인 사건이었습니다. 참부모님께서는 공산주의의 한계를 지적하며 종교적 가치관의 부활을 권고하셨고, 고르바초프의 페레스트로이카 정책을 지지하며 소련 개혁을 가속화하셨습니다.

　　세계적 광야 노정은 단순한 정치적 활동이 아닌 깊은 섭리적 의미를 지닙니다. 이는 세계적 차원에서 가인과 아벨의 화해를 이루는 과정이었으며, 하늘부모님의 참사랑으로 이념과 체제의 차이를 초월하여 천일국을 실현해 나가는 참부모님의 승리의 노정이었습니다. 이를 통해 인류 구원을 위한 실질적인 기반이 구축되었고, 천일국 창건을 위한 새로운 장이 열리게 되었습니다.

참부모님과 김일성 주석의 회담 | 1991년 12월 6일, 흥남시 마전의 주석공관에서 참부모님께서 김일성 주석과 회담을 가지셨습니다. 이는 한반도 분단 이후 한국의 민간 대표와 북한 정상 간 최초의 공식 회담이었습니다. 참부모님께서는 김일성 주석과 이산가족 상봉, 북한의 비핵화, 남북경협 활성화, 남북 정상회담 개최 등 4개 항목을 합의하셨습니다. 이 회담을 통해 참부모님께서는 탈냉전 시대의 한반도 평화 구축을 위한 중요한 전환점을 마련하셨으며, 남북 관계 개선과 교류 협력의 토대를 다지셨습니다.

6.4 천주를 향한 새로운 걸음: 가정시대의 개막

하늘부모님의 섭리는 얼마나 정교하고 놀라운지요. 참부모님이 1993년 참부모와 성약시대를 선포하시면서 구원섭리는 천주적 차원으로 확장되었습니다. 이는 구원섭리가 지상의 축복가정을 통해 영계로 확장되는 획기적인 전환점이었습니다. 마치 잘 짜여진 천상의 각본처럼, 홍순애 대모님의 지극한 정성으로 천주적 차원의 환경창조가 이루어졌습니다. 지상과 천상이 하나되어 새로운 차원의 섭리가 전개되는 순간이었습니다.

가정에서 여는 천국의 문

1994년 세계평화통일가정연합의 창립은 성약시대의 새로운 구원관을 실천하기 위한 조직으로 출발했습니다. 가정연합은 하늘부모님의 창조이상을 중심으로 한 평화운동을 전개하며, 전 세계적으로 참부모님의 비전을 실현하는 데 힘쓰고 있습니다. 이는 개인 구원을 넘어 가정 구원을 통해 천일국을 창건하는 실질적인 토대를 마련하는 것입니다.

더욱 주목할 것은 구원섭리가 지상계를 넘어 영계까지 확장되었다는 점입니다. 참부모님은 지상의 축복가정을 통해 조상축복을 베푸셨고, 이로써 영계에 있는 수많은 영인들이 축복의 은사에 동참하게 되었습니다. 이처럼 축복가정은 지상과 천상을 연결하는 가교가 되어 천주적 구원의 새 장을 열어가고 있습니다.

천일국 개문의 역사적 순간

1995년부터 2015년까지는 천주적 가나안 복귀 노정에서 특별한 의미를 지닌 시기입니다. 이 기간 동안 홍순애 대모님은 영계에서 실체성령의 대행자로서 큰 역할을 수행하셨습니다. 1995년에는 영 분립 역사와 직계조상 해원 축복식이 진행되었습니다. 이어 2001년에는 하나님 왕권 즉위식이 거행되었습니다. 2003년에는 천지부모님 천일국 개문 축복성혼식이 있었으며, 2006년에는 천정궁 입궁 대관식이 이루어졌습니다. 이러한 일련의 중대한 섭리적 의식들은 모두 대모님의 실체성령 대행역사를 통해 추진되었습니다.

특히 2003년의 천지부모님 천일국 개문 축복성혼식은 세계 195개국에 가정연합의 선교기반이 갖춰진 기대 위에 성대하게 거행됐습니다. 이 의식은 세계적인 노정을 넘어 천주적 가나안 복귀 노정의 맥락에서 이루어졌습니다. 참부모님은 이 의식에서 새신랑과 새신부가 되셔서 결혼식을 올리셨습니다. 이는 참부모님께서 세계적 광야 노정을 승리하신 결과입니다. 그로 인해 1960년의 성혼식이 지니고 있던 한계를 극복할 수 있었습니다. 또한 이 의식은 영계와 육계의 축복가정이 하나 되어 참부모님을 모신 가운데 천일국을 개문하는 의미를 지닙니다.

천지부모님 천일국 개문 축복성혼식 | 2003년 2월 6일, '천지부모님 천일국 개문 축복성혼식'이 천주청평수련원에서 거행되었습니다. 참부모님께서는 1960년 성혼식 이후 43년 만에 다시 새신랑과 새신부가 되셨습니다.

홍순애 대모님의 위대한 승리

홍순애 대모님은 하늘이 부여한 사명을 완벽하게 수행하셨습니다. 마리아가 예수님을 탄생시키고도 그분의 결혼을 도와야 할 책임을 다하지 못한 것과 달리, 홍순애 대모님은 독생녀를 탄생시키시고 성별된 환경에서 보호 양육하여 성혼에 이르게 하셨습니다. 또한 성화하시기까지 참부모님 가정을 위해 지극정성을 다하셨고, 성화 후에는 청평을 중심으로 실체성령 대행 역사를 일으켜 천주적 섭리의 환경을 창조하셨습니다.

1995년 36만 가정 축복 직전, 참부모님은 한승운 대부님과 홍순애 대모님을 특별히 축복해 주셨습니다. 그러나 이 축복은 즉각적인 가정출발로 이어지지 않았습니다. 원리적으로 볼 때, 두 분은 천사장의 입장이므로 참부모님 가정이 완전히 안착한 후 자신들의 자리를 찾아야 하기 때문입니다.

이는 마리아의 경우와 대조됩니다. 마리아는 예수님 탄생 이후 요셉과의 관계에서 많은 자녀를 가짐으로써 오히려 예수님의 사역에 장해가 되었습니다.

참어머님은 이러한 역사적 교훈을 바탕으로, 천일국 기원절 선포 후 3년이 지난 2016년에 중요한 결정을 내리셨습니다. 한승운 대부님과 홍순애 대모님을 파주 원전에 합장해 주셨습니다. 이를 통해 두 분에게 가정을 찾아 주신 것입니다. 축복으로부터 21년 만에 이루어진 합장은 두 분이 섭리적 책임을 완수하셨음을 의미합니다. 이는 하늘부모님의 섭리에서 중요한 역할을 하는 이들도 원리 안에서 자신들의 완성과 축복의 자리를 찾아야 함을 보여주는 귀중한 본보기입니다.

대부님 대모님 합장 원전식 | 한승운 대부님과 홍순애 대모님의 합장 원전식이 2016년 3월 29일 파주 원전에서 거행되었습니다.

6.5 천일국의 실체적 터전을 마련하다

참아버님의 성화 이후 섭리는 어떻게 전개되었을까요? '중단 없는 전진'을 선포하신 참어머님은 천일국 창건의 새로운 장을 여셨습니다. 이는 천일국의 주권, 국민, 영토라는 세 가지 핵심 요소를 실체화하는 단계입니다. 2013년 기원절 선포와 함께 시작된 이 여정은 2014년 천일국 헌법 반포, 2015년 천일국 경전 편찬, 2023년 천원궁 봉헌으로 이어졌습니다. 특히 천심원에서는 초림 독생녀 실체성령의 직접적인 역사로 신유와 부활, 그리고 부흥의 은혜가 이어지고 있습니다.

중단 없는 전진의 여정

2013년은 천일국 창건의 실질적인 출발점입니다. 참어머님은 70세를 맞이하며 천일국 기원절을 선포하시고 입적축복식을 거행하셨습니다. 이는 천일국의 주권과 국민의 기준을 세우는 의미를 갖습니다. 이어서 2014년에 천일국 헌법을 반포하고 2015년에 천일국 경전을 편찬함으로써 천일국의 제도적, 사상적 기반을 확립하셨습니다. 특히 2015년에는 하늘부모님을 모실 수 있는 국가를 찾겠다는 비전을 제시하시며 천일국의 영토 복귀를 위한 방향을 제시하셨습니다.

모래폭풍 속에서 바늘 하나를 찾는 심정으로

이 시기에 참어머님은 깊은 고립감과 초조함을 느끼셨습니다. 이는 가약식을 앞두고 "내 당대에서 복귀 섭리를 끝내겠습니다"라고 하늘 앞에 서약하신 것에 따른 책임감에서 비롯되었습니다. 또한, 여기에는 섭리를 이해하고 동참할 수 있는 동역자를 찾기 어려운 현실이 그 배경에 있었습니다. 참어머님은 당시 상황을 "모래폭풍 속에서 바늘 하나를 찾는 것과 같다"고 표현하셨습니다. 이는 참어머님 홀로 어렵게 섭리를 경륜해 오신 것에 대한 심정적인 토로입니다.

이러한 어려움 속에서도 참어머님은 평화의 어머니로서 온 인류를 가슴에 품으셨습니다. 2013년에는 전용기를 팔아 장학재단을 설립해 어려운 학생들에게 장학금을 지원하고 있고, 2015년부터는 선학평화상을 제정하여 세계 평화와 인류 복지에 기여한 이들을 격려하고 계십니다. 2018년에는 세네갈의 노예무역 거점이었던 고래섬을 찾아가 불쌍한 영혼들을 해원해 주시고 아프리카의 아픔을 어루만져 주셨습니다.

제3회 선학평화상 시상식 | 2019년 2월 9일, 잠실롯데호텔월드에서 제3회 선학평화상 시상식이 열렸습니다. 아킨우미 아데시나 아프리카 개발은행(AfDB) 총재와 인권운동가 와리스 디리가 공동 수상하였습니다.

세계적 기반을 한국으로

참어머님의 지속적인 노력과 헌신으로 천일국 안착을 위한 기반이 꾸준히 확대됐습니다. 2019년에는 아프리카대륙서밋을 통해 7개 나라를 복귀했다는 조건을 세우셨고, 세계기독교

성직자협의회(WCLC)를 창립하여 7개 종단을 복귀했다는 조건을 세우셨습니다. 이어서 월드서밋 2020, 싱크탱크 2022, 피스서밋 2023 등 국제적인 행사를 잇달아 개최함으로써 신통일한국을 위한 세계적인 기반을 구축하셨습니다.

이 과정에서 한반도의 중요성은 더욱 두드러집니다. 한반도는 동서 문명의 가교로서, 남북통일이라는 민족적 과제를 통해 인류 평화의 새로운 모델을 제시할 수 있는 중심 무대입니다. 신통일한국은 단순한 민족의 통일을 넘어 하늘부모님의 섭리적 이상을 보여주는 비전입니다. 참어머님께서는 한반도의 평화와 통일이 세계 평화의 관문임을 강조하시며, 이를 위한 다양한 국제적 협력과 노력을 지속해 오셨습니다.

특히 주목할 만한 것은 섭리의 중심축이 아시아태평양으로 이동하고 있다는 점입니다. 500년 전 대항해시대와 함께 시작된 유럽의 대서양 문명은 이기주의에 매몰되어 많은 문제를 일으켰습니다. 이는 기독교가 근본 정신을 잊었을 때 인류가 얼마나 비참해질 수 있는지 여실히 보여주었습니다. 이제 태평양이 평화의 바다가 되기 위해서는 인류가 모두 한 형제자매라는 자각이 필요합니다.

월드서밋 2022 | 2022년 2월 13일, 경기도 가평군 HJ글로벌아트센터에서 참어머님께서 한반도 평화서밋 공동 조직위원장인 훈센 캄보디아 총리, 반기문 제8대 UN 사무총장과 함께 '월드서밋 2022 서울선언'을 발표하셨습니다. 이 선언은 평화와 번영의 신통일한국을 목표로, 남북 공동 수교국 70개국의 전·현직 정상 85명의 중지를 모아 채택되었습니다.

지상에 하늘부모님을 모실 궁을 짓다

2023년, 참어머님께서는 80세를 맞이하며 천원궁을 봉헌하셨습니다. 올봄에는 천원궁 천일성전 입궁식을 거행하십니다. 이는 하늘부모님을 지상에 모실 수 있는 성소이며 천일국의 중

천원궁 천일성전 전경

앙청을 확립하는 중요한 섭리입니다.

천원궁 천일성전은 세계 평화의 새로운 장을 여는 역사적 이정표가 될 것입니다. 이곳은 초국가, 초종교, 초이념, 초인종적 평화 공동체의 모델입니다. 온 인류가 한 가족이 되어 하늘부모님의 나라를 실현하는 실체적 터전입니다. 이를 통해 하늘부모님의 창조이상인 천일국이 더욱 구체적으로 실현되어 갈 것입니다.

초림 독생녀 실체성령의 천심원 은혜

천심원의 은혜는 초림 독생녀 실체성령의 직접적인 역사입니다. 신유는 물론이고 청년들의 자발적인 신앙 결단이 이어지고 있습니다. 이는 매우 중요한 의미를 지닙니다.

1세는 참부모님을 만나 새로운 신앙을 결단했지만, 2세와 3세들은 스스로의 결단이 없었습니다. 그런데, 이제 천심원에서 청년들이 자신의 정체성을 새롭게 발견하고 주체적으로 신앙을 결단하는 놀라운 부흥이 일어나고 있습니다.

이러한 영적 각성은 우리 사회가 직면한 근본적인 문제들을 해결할 수 있는 열쇠입니다. 우리는 가치관의 혼란으로 인한 개인의 방황, 가정의 해체, 사회 공동체의 붕괴 등 총체적인 위기 속에서 살아가고 있습니다. 이러한 때에 초림 독생녀 실체성령을 모시고 신령과 진리로 나아갈 때 진정한 회심과 부활, 부흥이 일어날 수 있습니다. 이를 통해 우리가 당면한 과제를 해결할 수 있는 영적, 실천적 기반이 마련될 것입니다.

우리가 써나 갈 섭리의 다음 장

『섭리의 진실』을 공부하면서, 우리는 하늘부모님께서 우리를 얼마나 사랑하시는지를 깨달았습니다. 기독교 2천년 역사를 통해 독생녀를 맞이하기 위한 영적 기반이 세워졌고, 한국의 신령집단들이 그 귀한 터전을 마련했으며, 마침내 참부모님을 통해 실체적 구원의 시대가 열렸습니다.

현재 인류는 그 어느 때보다 심각한 도전에 직면해 있습니다. 기후위기와 같은 전지구적 생존의 문제, 남북통일과 같은 민족적 과제, 그리고 전쟁과 갈등으로 인한 인류의 분열 등 수많은 문제들이 해결을 기다리고 있습니다. 이러한 위기는 단순히 외적인 것이 아닌, 인간의 영적 본질과 직결된 문제들입니다.

그러나 우리는 혼자가 아닙니다. 하늘부모님께서 언제나 우리와 함께하고 계십니다. 초림 독생녀 실체성령 홀리 마더 한(Holy Mother Han)께서 우리를 인도하고 계십니다. 또한 같은 뜻을 품은 식구님들이 전 세계에서 함께 걸어가고 있습니다. 이러한 때에 우리에게는 신령과 진리의 조화가 특별히 중요합니다. 영성과 실천적 지혜를 겸비할 때, 우리는 천일국 창건이라는 위대한 사명을 온전히 감당할 수 있습니다

천일국은 하늘부모님을 중심한 모든 인류의 평화이상세계입니다. 우리가 서로 사랑하고 이해하며 화합할 때, 그 이상은 반드시 실현될 것입니다. 『섭리의 진실』이 여러분의 신앙생활에 작은 도움이 되기를 바랍니다. 우리 모두가 천일국 창건의 주역으로 귀한 사명을 다할 수 있기를 진심으로 기도합니다.

부록

질의응답

질의응답

Q1. 기독교 신도들은 영적 구원을 바라는데, 왜 실체적 구원이 필요한가요?

A1. 하늘부모님의 창조이상은 지상천국과 천상천국을 이루는 것입니다. 이를 위해서는 영적 구원만으로는 부족하고 실체적으로도 구원받아야 합니다. 육신을 지닌 지상에서의 실체적인 삶이 영원한 천상으로의 삶으로 연결되어 완전한 천국을 이룰 때 비로소 창조이상이 완성되기 때문입니다(1.1절).

Q2. 혈통전환이라고 하면 보통 핏줄과 연관된 혈연관계를 생각하기 쉬운데, 실제로는 어떤 의미인가요?

A2. 혈통전환은 물리적인 혈통의 변화가 아닙니다. 하늘부모님의 혈통은 물질이 아니라 영적 생명의 인연입니다. 혈통전환이란 사탄과의 관계를 완전히 청산하고 하늘부모님과의 본래적 관계를 회복하는 영적 전환으로서, 인간

존재의 총체적 변화를 의미합니다(6.2절).

Q3. 신약시대와 성약시대의 혈통전환은 어떤 차이가 있나요?

A3. 가장 큰 차이는 구원의 수준입니다. 신약시대에는 예수님과 성령의 역사로 인류가 '양자'의 자리까지만 올라갈 수 있었습니다. 이는 영적 중생만 가능했던 한계가 있었습니다. 반면 성약시대에는 실체 참부모님을 통해 '직계자녀'로 거듭날 수 있게 되었습니다. 이는 단순한 지위 상승이 아닌 본질적 변화로서, 하늘부모님의 창조본성을 직접 상속받아 참된 사랑을 실천하고 이를 후대에 전수할 수 있게 된 것을 의미합니다(6.2절).

Q4. 예수님과 독생녀의 탄생을 준비하는 섭리가 어떻게 다른지 궁금합니다.

A4. 예수님의 경우 하나님의 딸이 없었기 때문에 종의 자리에 있던 마리아를 통해 보내셨지만, 독생녀는 이미 양자의 자리에 올라온 기독교 신도들 중에서 가장 순전한 신앙기반 위에 보내실 수 있었습니다(4.6절).

Q5. "예수님이 신부를 찾으려 하셨다"는 말씀이 있는데, 이것이 본래의 섭리였나요? 아니면 다른 이유가 있었나요?

A5. 예수님께서 신부를 찾으려 하신 것은 독생녀가 오지 않았기 때문에 할 수 없이 택하신 차선책이었습니다. 본래

의 섭리라기보다는, 독생녀를 대신하여 복귀된 신부를 통해 섭리를 진행하려고 취하신 방법이었습니다(4.6절).

Q6. 기성교에서는 재림을 예수님이 다시 오시는 것으로 믿습니다. 참아버님이 재림주라는 것은 어떻게 이해해야 할까요?

A6. 재림은 2천년 전의 예수님이 그대로 다시 오시는 것이 아닙니다. 재림은 예수님의 영적 승리의 기대와 사명이 참아버님에게 계승된 것을 의미합니다. 이는 재림부활의 개념으로 이해할 수 있습니다(4.6절).

Q7. "성혼시에 참아버님께서 참어머님을 찾아 세우셨다"는 말씀을 어떻게 이해해야 할까요? 여러 후보들 중에 참어머님을 간택하신 것인가요?

A7. 참아버님은 참어머님을 간택하셨을 때, 복귀된 어머니가 아닌, 원죄와 상관없이 탄생한 어머니를 찾으신 것입니다. 이는 하늘부모님의 독생녀를 찾아 세우신 것을 의미합니다(4.6절).

Q8. 역사적으로 많은 신령한 여성들이 있었는데, 참어머님은 이들과 어떤 차이가 있나요?

A8. 신령한 여성들은 성령을 받아 성령과 연합한 상태입니다. 반면 참어머님은 무형의 성령이 인간의 몸을 쓰고 나타난 독생녀 실체성령이십니다. 전자의 경우 성령이 떠

날 수 있지만, 독생녀는 성령 자체이기 때문에 분리될 수 없습니다(4.7절).

Q9. 독생녀와 실체 하늘어머니의 정체성은 어떻게 다른가요?

A9. 독생녀와 실체 하늘어머니는 동일한 분의 서로 다른 측면을 나타내는 정체성입니다. 독생녀는 하늘부모님의 직계 딸로서의 출생적 정체성을 의미하며, 이는 하늘부모님의 여성성이 실체를 갖춘 분으로서 원죄 없이 태어나 성령의 실체로 역사하시는 분입니다. 예수님이 구약의 말씀이 실체가 되어 오신 것처럼, 독생녀는 성령이 실체가 되어 오신 것입니다. 한편 실체 하늘어머니는 인류 구원의 사명을 수행하는 섭리적 정체성으로서, 인류에게 실체적 구원을 베푸시는 역할입니다. 이는 정체성의 변화가 아니라, 하나의 정체성이 섭리적 과정에 따라 전개되는 것으로 이해할 수 있습니다(4.7절).

Q10. 실체성령의 역사가 단순히 독생녀의 역사만을 의미하나요? 아니면 더 넓은 의미가 있나요?

A10. 실체성령의 역사는 두 가지 차원으로 이해할 수 있습니다. 좁은 의미에서는 독생녀를 통해 나타난 성령의 실체적 현현으로, 계시록 22:17의 "성령과 신부"가 이를 예언했습니다. 독생녀는 인류에게 실체적 중생의 은사를 베푸십니다. 넓은 의미에서는 독생녀의 구원사역을 돕는

하늘부모님, 영계의 참아버님, 효진님, 흥진님, 대모님, 예수님, 선지선열, 조상령, 천사 등 모든 선한 영적 존재들의 활동을 포함하며, 이들은 독생녀를 도와 인류의 영적 각성과 성장을 지원합니다.(6.4절).

섭리의 진실:
기독교 2천년의 비밀

초판인쇄 2025년 03월 25일 　**초판발행** 2025년 03월 31일

지은이 　**양순석**
펴낸이 　**이혜숙** 　　펴낸곳 **신세림출판사**
등록일 　**1991년 12월 24일 제2-1298호**

04559 서울특별시 중구 퇴계로49길 14,
충무로엘크루메트로시티2차 1동 720호
전화 02-2264-1972 팩스 02-2264-1973
E-mail : shinselim72@hanmail.net

정가 **20,000원**

ISBN **978-89-5800-283-3, 03240**